［改訂版］

ヴィヴェーカーナンダの物語

スワーミー・ヴィヴェーカーナンダの生涯における注目すべきできごとと彼の言葉

日本ヴェーダーンタ協会

— A Swami Vivekananda 150th Birth Anniversary Commemorative Publication —
— スワーミー・ヴィヴェーカーナンダ生誕 150 周年記念出版物 —

スワーミー・ヴィヴェーカーナンダ

目次

出版者の言葉

スワーミー・ヴィヴェーカーナンダのアイルランド人の弟子、シスター・ニヴェディタは生涯をインドへの奉仕にささげた女性として有名ですが、同時に独創的な思索家、すぐれた著作家でもありました。

ある手紙の中で彼女は「ご存じのとおり、スワーミージーを理解し記憶している私たちが死ぬとき、彼の偉業にとって長い無明の時期がくるでしょう。それは一五〇〇年か二〇〇〇年忘れられたように見えるかもしれません。そして突然、西洋で形を変えて現れることでしょう」と述べています。

このニヴェディタの予言的な言葉は、文字どおり現実のものとなり、スワーミー・ヴィヴェーカーナンダの生誕一五〇年を記念する催しが、西洋だけでなく世界中で非常にたくさん開かれてきました。

日本においても、この記念行事は各地で一年間にわたって行われてきました。スワーミー・ヴィヴェーカーナンダの崇高な回想に敬意を表し、また人々を鼓舞し引き上げる示唆に満ちたメッセージを広めるために、生活困窮者への奉仕、セミナー、本や雑誌の出版などの活動が行われてきました。

当協会では長短各種のスワーミー・ヴィヴェーカーナンダの伝記をすでに出版しましたが、この本は彼の生涯における記念すべきエピソードを物語の形式で表すことで読者が容易に読み取り、そこからインスピレーションを得ることを期待して出版されました。

本書の英語とベンガル語両方の原版の出版者であるコルカタのラーマクリシュナ・ミッション・インスティテュート・オブ・カルチャーに対して深く感謝いたします。また日本語に翻訳してくださった村椿笙子氏にも心からお礼を申し上げます。

第一章　スワーミー・ヴィヴェーカーナンダ（一八六三〜一九〇二）

スワーミー・ヴィヴェーカーナンダは一八六三年、カルカッタ（現コルカタ）の有名な弁護士ヴィッシュワナータ・ダッタと、ひじょうに聡明で信心深い女性ブヴァネシュワリー・デーヴィーの息子ナレーンドラナート・ダッタとして生まれた。ヴィッシュワナータは彼の顧客や友人たちと政治や宗教や社会問題について、よく議論していた。彼はそのような場にナレーンドラナートを参加させ、その議論の話題について彼の意見を述べさせることが多かった。ナレーンドラはまったく臆することなく自分の意見を述べ議論をすすめて、自分が正しいと思ったことを何でも話した。ヴィッシュワナータの友人のなかには、おとなの話題について意見を述べるのはあつかましいとして、彼らの会合に同席するのを嫌う者もいた。しかしヴィッシュワナータは彼を励ましつづけ、ナレンは「私がまちがっている点を指摘してください。しかしなぜあなたは私の自由な考えに反対するのですか?」と議論することもあった。

ナレンは、物語のすばらしい話し手であった母親から叙事詩やプラーナを学んだ。彼は母から多くの資質を受けていたが、なかでも特に記憶力を受けついでいた。ナレンは多才だった。歌やスポーツがうまく、機知に富み、知識のはばは広大で心は理性的で、人びとを助けることを好んだ。彼は生来のリーダーだった。のちに人びとが彼のさまざまな業績を賞賛するようになったのは当然のことであった。

ナレンはメトロポリタン・インスティテューションの入学試験に合格し、ジェネラル・アセンブリーズ・インスティテューション（現在のスコティッシュ・チャーチ・カレッジ）のFA、BAの試験にも合格した。哲学がもっとも得意で、学長のヘイスティはナレンの哲学的洞察力に強い印象をうけていた。彼がシュリー・ラーマクリシュナのことをはじめて聞いたのはヘイスティからだった。

哲学を学ぶ者として神についての疑問は彼の心からはなれることはなかった。神は居るのだろうか、もし神が存在するのなら彼はどのようなものなのだろうか、彼と人間との関係とは何なのだろうか、なぜ彼は不合理に満ちたこの世を創造したのだろうか。このような疑問について多くの人びとと議論したが、だれからも満足のいく答えを得ることはできなかった。神を見たことがあると言える人を探したが、一人も見つからなかった。そうこうするうちに、ケシャブ・センがブラーフモー運動のリーダーとなった。彼は偉大な雄弁家で、多くの若者がその雄弁に引きつけられてブラーフモー・サマージの会員になった。ナレンも同様だった。しばらくのあいだはブラーフモー・サマージの教えに満足していたが、間もなく宗教に関して事の核心にまったくふれていないと感じるようになった。一人の知人が、ドッキネッショルにいるラーマクリシュナを訪ねれば宗教にかんするすべての疑問をとり除いてくれるだろうと助言した。ナレンは以前、近所の家でラーマクリシュナに出会ったことがあったが、そのときは彼の心に印象をあたえるものはなかった。しかしラーマクリシュナは彼に、いつかドッキネッショルに来なさいと言っておられた。歳月は過ぎ、ナレンは宗教が自分に与えたさまざまな疑問を前にして落ちつきをなくしていた。とくに、個人的な経験という確信をもって神のことを話せる人に会いたいと熱望していた。そしてついにある日、彼はラーマクリシュナのところへ行き、神を見たことがあるかどうか直接きくことができた。ラーマクリシュナは「ある」と答え、彼に神を見せることさえできると言った。当然ナレンは驚嘆した。ラーマクリシュナの率直さと神への愛はナレンを強く引きつけたが、彼は独特な性癖のために「ラーマクリシュナは偏執狂かもしれない」という疑いをもった。ナレンは近くにすわって彼を観察してみたが、しばらくたってラーマクリシュナが並はずれた偉大な人物であることにまちがいないと確信して、その場を去った。彼はナレンが会った人の中でただ一人、完全に自己を制御している人物だった。そして彼は自身が説くすべての宗教的真理の最高の実例でもあった。ナレンはラーマクリシュナを敬愛したが、自分独自の判断をまげることはなかった。おもしろいことにラーマクリシュナご自身がナレンの帰依をお求めにならず、また他の弟子のだれにもそれを要求なさらなかった。それにもかかわらず、ナレンは彼を自分の師としてしだいに受け入れるようになっていった。

ラーマクリシュナは一八八六年、ガンのために亡くなられた。ご闘病中、選ばれた数名の若者が師のまわりに集まり、霊性の指導を受けながら看病をはじめた。ナレンはこのグループのリーダーだった。ラーマクリシュナは彼らが修道生活をおくることを望まれ、出家の象徴としてゲルアのころもをお与えになった。師の没後、彼らはボラノゴルで僧院をつくり、托鉢《たくはつ》で得たものだけによって生きる共同生活をはじめた。また修行僧としてあちこちを遍歴することもあった。ナレンもときどき修行の旅に出た。彼がスワーミー・ヴィヴェーカーナンダという名前を受けたのは、このような旅の途中であった。

ヴィヴェーカーナンダは時には列車、ときには徒歩で広くインド中を放浪した。彼はインドの田舎の状態（人びとの無知、餓死寸前の貧困、理不尽な行為の犠牲など）を見て衝撃をうけた。このような状況が彼にショックをあたえたとするなら、いわゆる教養のある上流階級の人びとの冷淡さはもっと強いショックだった。旅の途中、彼は多くの君主（マハーラージャ）たちから客として滞在するようにと招待された。また弁護士、記者、官僚などの知識階級の都会人とも出あった。彼は、貧困に苦しむ大衆のために何かをするようにすべての人びとに呼びかけたが、マイソールのマハーラージャとケトリのマハーラージャそしてマドラス（現チェンナイ）の数名の若者たち以外は、彼の声に耳をかたむける者はだれもいないようにみえた。スワーミー・ヴィヴェーカーナンダは大衆を結集させる必要性をすべての人に認識してもらいたかった。教養ある少数の人びとでは、この国の問題は解決できないだろう、その仕事には大衆の力が結びつけられなければならない。彼は大衆が教育されることを望んだのだ。マイソールの君主はさいしょに彼の州で初等教育の無償化を実践した人物だった。しかしスワーミージーにとっては、これだけでは不十分だった。貧しい小作農は子供たちの労働力を必要としていたので、彼らを学校に行かせることをしぶった。スワーミージーは、子供たちが働きながら学べるように、彼らの戸口に教育を届けたいという構想を持っていた。おそらくそれは、彼が思い描いていた一種の非公式の教育だっただろう。このことについてマイソールのマハーラージャに書きおくった彼の手紙は、これについて彼がいかに深く考えていたか、そしてそれがいかに独創的なものであったかを示している。

その他の君主や知識階級の人びとは全体としてスワーミージーの人柄に感銘を受けてはいたが、自分のことに心を奪われすぎていて、彼の主張に注意をはらうことができなかった。数名のマドラスの若者の中でも、特にペルマルはスワーミージーが提唱した理想に強く共鳴して自身の生涯をささげた人物だった。彼が使命の成功のためになした貢献は重要なものであった。スワーミージーは、いわゆる社会的指導者とよばれる人びとが自分を無視する理由がわかった。「彼は何者か？　単なる遍歴の僧ではないか」この国にはそのような僧が何万といる。彼らが自分にたいして特別な注意をはらう必要があるだろうか？　多くの場合、彼らは西洋の思想家や西洋のことに従事するインド人にだけ従い、そうすることで西洋からの承認を得ようとしていた。それは奴隷の根性であったが、ほとんどの場合のインド知識階級の特徴的な態度でもあったのだ。インド人たちが西洋の服を着てきどって歩き、西洋のやり方や礼儀をまねし、そうすることでほんとうの西洋人になろうとしているかのように見えた。スワーミージーはのちに「たとえ腰布しか着けていなくてもわれわれはインド人だという誇りを感じよう」と国民に呼びかけた。彼は西洋から学ぶことに反対したわけではない。西洋の人びとがいくつかの優れた資質をもち、そのために彼らはこのように豊かで強大になったのだということを理解していたからだ。彼はインドが科学やテクノロジーそしてその組織力や実行力を西洋から学び、しかし同時にインドの高い道徳的霊的理想主義は保持することを望んでいた。しかしいわゆる教養人の利己主義はさらに彼を苦しめた。彼らは自分たちさえよければ幸せであり、他人に起こったことは気にかけなかった。スワーミージーは、常に餓死寸前で、迷信的で、また上級カーストと富裕な地主による虐待の犠牲になっている無学な大衆の状況に、人びとの目を向けさせようとした。

スワーミージーがマドラスに着いたとき、若者たちは彼の精悍《せいかん》な容貌とインスピレーションにあふれた話に引きつけられて集まってきた。彼らはシカゴで開かれる宗教会議に、ヒンドゥイズムの代表として出席するためにアメリカへ行くようにと、彼に懇願《こんがん》した。そのための基金を集めることもはじめた。スワーミージーは最初あまり乗り気ではなかったが、しだいに西洋訪問から何かよいものが得られるかもしれないと思うようになった。もしそこでなんらかの印象を残せば、いつも西洋の批評家たちの意見に従ってものごとの善しあしを判断する母国の人びとが、彼の言うことに敬意をはらって聞くようになるかもしれないと考えたからだった。そしてこれは現実となった。スワーミージーは、最初にアメリカでそして次にイギリスですさまじい印象をのこした。マスコミは、インドの太古からの哲学の代表者として彼に最高の賛辞を送った。一夜にして彼はインドの国民的英雄になったのだ。西洋の知識階級の人びとが敬服せざるをえない思想が、インドの何かの中にあるにちがいないということに、母国の人びともとつぜん気づいた。ゆっくりと、しかし着実に、人びとは自分たちの国や文化についての考え方を変えはじめた。宗教や哲学また芸術や文学などの分野において、われわれは自分たちが考えているほど遅れてはいない、むしろ西洋のものより進歩しているのではないかと思いはじめた。彼らはいつも自分たちのことを卑下していたが、今はじめて彼らの文化的遺産の豊かさに気づいたのだ。これはインド・ルネッサンスの出発点だった。ティラクから始まる国民的リーダーの長い継承は、スワーミー・ヴィヴェーカーナンダからインスピレーションを引き出した。彼らはスワーミージーを通してインドを、その長所も短所も、発見したのだ。「インドを知りたければヴィヴェーカーナンダを研究しなさい」これはロマン・ロランに対するタゴールの助言だ。これは今日でもまさに真実だ。スワーミージーほど完全にインドの心と体を研究した人は一人もいなかった。

大衆の苦しみを無視することは国家的な罪であると、彼は言った。つぎにくるものは女性を蔑視するという罪、そして現在の形態でのカーストもうひとつの罪だった。一方インドの倫理と宗教的多元性は彼を悩ませることはなかった。というのは、インドは、さまざまな宗派や社会のために愛と尊敬における一体感を絶えず求めてきたからだ。彼は社会主義があらわれるのを見て、それがインドの人民のためだけでなく世界のためにもなると考えて歓迎した。その結果として、シュードラ（労働者階級）が力を持つようになったことは確かだった。スワーミージーはその変化のあり方が平穏なものであることを期待して、ブラーミンなどの知識階級にそれへの協力を要望した。この変化のあとにどのような文化的堕落もおこらないように、国中に霊的な思想を浸透させたいと考えた。インドが自国の最高の霊的伝統を、科学とテクノロジーの分野での最新の進歩による新しい文明にむすびつけて、新しい社会秩序を創造することが彼の希望だった。そうすればインドは物質的にも精神的にも豊かになると考えたのだ。彼は、富が十分でないと人間が人間らしく生きられないということを知っていた。そしてインドがその例を示すことを望んだのだ。

第二章　スワーミー・ヴィヴェーカーナンダの生涯における貴重なできごと

ブヴァネシュワリー・デーヴィー（ナレーンドラナートの母）は高貴な女性だった。スワーミー・ヴィヴェーカーナンダは後年「私の知的成長は母におうところが多い」とおりにふれて言っていた。彼女はナレーンドラナートを独特なやりかたで教育した。次のできごとはその一例だ。あるときナレーンドラは彼の失敗ではないのに学校で罰をうけた。地理の教師がナレーンドラに問題を出し、彼は正しくこたえた。しかしその教師は、まちがっていると勘違いして彼を罰した。ナレーンドラはまだ子供ではあったが、ひるむことなく「先生、私はまちがっていません。自分の言ったことは正しいと信じています」と抗議した。これが教師を激怒させ、彼はナレーンドラをムチで打った。彼は涙をながして帰宅し、母にすべてを話した。ブヴァネシュワリーは「ナレン、あなたが正しいのなら気にすることはありません。どんなことがおこっても、つねに真実に忠実でありなさい」と言って彼をなぐさめた。

ナレーンドラナートは彼の師、シュリー・ラーマクリシュナのなかに、母が長年おしえこんできた理想の体現を見いだした。シュリー・ラーマクリシュナは「真理はぜひとも啓発されるべきだ。このカリユガでは真理にしがみつく者はかならず神を悟るだろう」とよく言っておられた。そしてシュリー・ラーマクリシュナご自身がそれを実践しておられた。

スワーミージーが、彼の母と彼の霊性の師であるシュリー・ラーマクリシュナの中に見た真理へのゆるがぬ忠誠心は、彼のすべての行動にあらわれていた。そしてのちに世界中の人びとが聞いた彼の宣言は当然なものであった。

「すべてのものは真理のために犠牲にされることができる。しかし真理は何ものによっても犠牲にされることはできない」

＊　＊　＊

ナレーンドラナートの母は彼に次のような助言をしたことがあった。「純粋でありなさい。清らかな生活をおくり、品位をまもり、他者に敬意をはらいなさい。穏やかで慎みぶかく、しかし必要なときには断固とした態度でたち向かうことをためらってはなりません」

　この賢明な忠告はナレーンドラの性格を形成するうえで大きな助けとなった。子供のころから彼は自己を尊重する方法を知っていた。彼は人に当然はらうべき敬意を示すことを決してためらわなかったと同時に、他者から理不尽なあつかいを受けることには我慢しなかった。ある日、父の友人の一人から何の理由もなく侮辱されたとき、彼はひじょうに驚いた。彼の両親はわが子が幼いからといってバカにするようなことは決してなかったので、そのようなあつかいには慣れていなかった。「なんて奇妙なんだ！　お父さんは決して私をこんなふうに見くびることはしない」と思った。そこで彼は傷ついたキングコブラのように直立し、その紳士にだんことして「あなたのように年令と知性が同意語だと思っている人はたくさんいるかもしれませんが、それはまちがいです」と言った。その紳士はすぐに自分のあやまちを認めた。

　ウパニシャドの中にナチケタという偉大な自己確信をもった大胆な少年が出てくる。彼は「私はほとんどのものの中で最高か少なくとも普通のものより優れているだろう。そして決して最低ではない」と言っていた。ナレーンドラナートはつねにナチケタに憧れていた。

＊　＊　＊

ナレーンドラナートの父、ヴィッシュワナータ・ダッタは慈善家として有名だった。彼の次男、マヘンドラナート・ダッタは父について次のように書いている。「貧しい人たちを助けたいという衝動は、父の場合ほとんど病的だった。周囲の人たちは彼のことを〝慈悲ぶかいヴィッシュワナータ〟と呼んでいた」彼は、困っている人を見るとだまっていられない性分だった。遠いしんせきの子供たちのために教育費をよろこんで負担し、隣人の貧困を軽減するために尽力をおしまなかった。とくに顕著だったのは、慈善に際して分けへだてをしないことだった。麻薬中毒患者にたいしてさえ経済的援助をあたえようとした。ナレーンドラナートはそれに気づいて、このひどい金銭の誤用について父に忠告した。それに対して父は「人生は苦難にみちている！　おまえも大人になればわかるだろう。人生の終わりのない苦しみから一時的にでも逃れたくて、酒を飲んだり悪事をおこなったりする人びとや中毒患者にも哀れみをもつようになるだろう」と言った。

ナレーンドラナートは、シュリー・ラーマクリシュナの人生と教えの中にこの思いやりの完全なあらわれを見いだした。シュリー・ラーマクリシュナは生来の慈悲心をすべての者すべての事物への愛と尊敬という形であらわしておられた。彼はナレーンドラに哀れみでは不十分だとお教えになった。「人間は生きた神である。我々は神に哀れみを示すなどと考えたことがあるだろうか？」それとは逆に私たちは神につかえ礼拝することができたとき、祝福されたと感じる。〝哀れみ〟は正しい表現ではないのだ〝ジーヴァ〟を〝シヴァ〟として、人類を「神性」のあらわれとして、つかえることが正しい態度なのだ。嫌悪される人はだれもいない、なぜなら罪人でさえ本質的には神なのだから。同じナーラーヤナ（神）が高潔で洗練された人としてあらわれるのと同じように、泥棒のすがたや愚か者のすがたをとってあらわれることもあるのだ。

スワーミー・ヴィヴェーカーナンダは、すべての人を、堕落した人でさえも、尊敬をもって接するということを師から学んだ。彼は「悪人という神、罪人という神、もしこの世という地獄でたった一人の人間のハートに一日でも喜びと平安をもたらすことができるなら、それだけが真実だ。それこそが私の全人生での苦難から学んだことだ」とよく言っていた。

＊　＊　＊

ナレーンドラは、その人柄と同じように、言葉でも人を引きつける物語の達人だった。彼が話しはじめると、みんな自分の仕事を忘れて聞きいった。ある日学校でクラスの休憩時間に、ナレーンドラは友人たちに快活に話していた。そのうちに休憩時間が終わり、先生が教室に入ってきて授業をはじめようとした。しかし生徒たちはナレーンドラの話に夢中だったので授業を聞いていなかった。しばらくして先生は教室で何がおこっているかを理解した。明らかにイライラして、生徒一人一人に、いま自分が何を話したかとたずねた。だれも答えられなかった。しかしナレーンドラには顕著な才能があった。心を二重にはたらかせる能力を持っていたので、少年たちを楽しませながら授業にも耳をかたむけることができたのだ。彼はあたえられた質問全部に正しく答えた。先生は当惑して、だれが授業中にしゃべっていたのかとたずねた。少年たちはみなナレーンドラを指さしたが先生は信じようとしなかった。そして彼はナレーンドラ以外の全生徒に椅子の上に立っているようにと命じた。しかしナレーンドラも友だちといっしょに椅子の上に立った。先生は彼にすわるように言ったが、彼は「いいえ先生、彼らに話していたのは私ですから私も立っていなければなりません」と答えた。

＊　＊　＊

BA試験の頭金を支払う時期だった。ハリダース・チャットパーディヤーヤ以外ナレーンドラの級友たちはみな支払いをすませた。ハリダースはとても貧乏だった。彼はなんとかして頭金を工面したが、大学の事務局は彼が通年の授業料を支払わなければ頭金を受けつけないと言った。こうして、試験を受けるというハリダースの希望はくだかれた。

ナレーンドラナートは偶然ハリダースの窮状を知り、ショックを受けた。そのとき、特別の場合には学費が免除されるという特例があることが、そしてラージクマールという大学の老事務員がハリダースの危機を救うことができるかもしれないということが彼の脳裏にひらめいた。最低限度の小さな希望はつながった。そこでナレーンドラはハリダースに、彼を助けるためにベストをつくすことを約束した。

数日後、学生たちが学費や受験料を納めていたとき、ナレーンドラはラージクマールのところに行って「ハリダースは学費を払うことができません。どうか彼の費用を免除してやってください。もし彼に試験を受けさせてくださったら、彼はきっと合格するでしょう。さもないと彼は破滅します」と言った。

ラージクマールは短気な性分だった。彼はナレーンドラを見て、顔をしかめ「きみのなまいきな勧告は無用だ。きみは自分のことだけ心配していればいいだろう。彼が学費をはらわなければ進級させないだけだ」と吐きすてるように言った。このように拒絶されて、ナレーンドラは友人のことを非常に心配した。自分自身も、そんなまとまった額の金をすぐに集めることは無理だとわかっていたので、絶望的な気分になった。どうしたらよいか途方にくれていたが、そのときある計画を思いついた。

彼はラージクマールが麻薬中毒で、その習癖を楽しむために毎晩ヘドゥアの近くの隠れ家へ通っていることを知っていた。その日、ナレーンドラは授業が終わっても家には帰らず、日没を待った。街に暗やみがおとずれたころ、彼はその隠れ家に近づき、そこへ入って行く人に注目した。しばらくすると、ラージクマール老人がこっそりと近づいてきた。ナレーンドラナートは魚が網にかかろうとしていることに気づいて、大急ぎでラージクマールの前にあらわれた。もちろん彼は狼狽《ろうばい》した。ナレーンドラナートは絶好のチャンスだと確信して、もう一度ハリダースのことを嘆願し、もし応じてくれないなら彼の秘密を暴露するとおどした。

ラージクマールは危険を感じて、ナレーンドラに「なぜきみは私を怒らせるんだ！　きみの望みはかなえられるだろう。私がきみの要求を無視できるかね？」と低い声で言った。ナレーンドラナートは自分の役目が終わり、使命が成功したことを確信したので、老人が麻薬小屋へ消えると家にむかった。

次の日の夜明けまえ、ナレーンドラナートはハリダースの家に行き「よろこんでくれ、僕たちの計画はうまくいったよ。きみは学費をはらわなくても大丈夫だよ」と言った。そして昨夜のできごとを迫真の演技で説明し、二人は大笑いした。

＊　＊　＊

これはスワーミージーが各地を遍歴していたころ、ヴァーラーナシーに滞在していたときにおこったできごとだ。ある日、ドゥルガー・テンプルに詣でたかえりに猿の群れが彼を追いかけてきた。スワーミージーは身を守ろうとして走りだしたが、猿たちはもっと速く走り、しだいに攻撃的になってきた。その時たまたまこの状況を見ていた老僧が「走るのをやめて、ケモノたちにたちむかうのだ」と言った。スワーミージーはこれを聞いて猿たちの方に向きなおった。すると猿たちは彼を困らせるのをやめて、ひきあげて行った。

スワーミージーは、この一見単純なできごとから大きな教訓を得た。危険や困難に出会ったら逃げてはいけない、逆に大胆にたちむかうべきだということを学んだのだ。後にニューヨークの集会で演説したとき、彼はこの事件のことに言及した。

「それは人生のあらゆる面での教訓です。どんなに最悪と思えることでもたちむかう、大胆にたちむかうことです。猿たちと同じで、私たちがそれから逃げることをやめると人生の困難は退却します。もし私たちが自由を獲得するとしたら、それは逃げることではなく、自分の習性を克服することによってなされるのです。臆病者《おくびょう》はけっして勝利をかちとることはできません。自分の前にある恐怖や困難や無知を克服したいなら、それらにたちむかわなければならないのです」

＊　＊　＊

ある人がスワーミージーに、僧というものは自分の国に特別な愛着をもつべきではない、逆にすべての国を自分のものと見なすべきだと言った。これにたいしてスワーミージーは「自分の母親を愛し、ささえることができない人がどうして他人の母親の生活を援助することができるでしょうか？」とこたえた。彼の言った意味は、たとえサンニャーシン（出家者）であっても母国を愛すべきだということだ。母国を愛せない人が世界を抱きしめることができるだろうか？　愛国心あっての普遍主義なのだ。

＊　＊　＊

スワーミージーがヒマラヤ地方で長い徒歩の旅をしていたとき、一人のひじょうに疲れたようすの老人が坂のふもとで絶望的に立ちつくしているのに出会った。その老人はスワーミージーにどうしようもないという調子で「ああ、お坊さん、どうすればいいのでしょう。もうこれ以上歩けません。私の胸はやぶれそうです」と言った。

スワーミージーはその老人の言葉をじっと聞いて「あなたの足もとを見てごらんなさい。あなたの足の下にある道はあなたが歩いてきた道です。そしてあなたの前にある道も同じ道です。それはもうすぐあなたの足の下に来るでしょう」と言った。その言葉は老人がふたたび自分の旅をはじめるための大きな励ましとなった。

＊　＊　＊

一八八八年八月。スワーミージーはアグラからブリンダーバンに向かっていた。町の郊外に近づいたとき、一人の男が道ばたで満足そうにタバコを吸っていた。スワーミージーは長いあいだ歩いてきたので疲れていた。彼はタバコを吸って少し休みたいという衝動を感じた。彼はその男のところに行って、彼の水ギセルを吸わせてもらいたいとたのんだ。その申し出に、男は身ぶるいして「すみません、お坊さん！　私の使ったパイプをあなたにお貸しすることはできません。あなたは僧侶、私はバンギ、卑しい掃除夫です」と言った。

スワーミージーは何も言わずにまた歩きはじめた。しかし少し行ったとき、あるひらめきが彼を襲った。「なんと！　私はカーストや家柄などすべてのものを放棄したサンニャーシンではないか？　かれがバンギだというだけでかれのパイプを使わないとは、何と恥ずべきことか！」そう考えると、ひじょうに落ちつかなくなっていちもくさんにその男のところまでもどり、男の反対を押しきってタバコの用意をさせた。そしてそのパイプを満足そうに吸った。

＊　＊　＊

一八九〇年四月一三日。ヴァーラーナシーに滞在中だったスワーミージーのところへ、彼の兄弟弟子バララーム・ボシュが亡くなったという悲しいしらせが届いた。彼は強いショックで涙をおさえることができなかった。ヴァーラーナシーの有名な学者プラマダーダス・ミトラがこれに気づいて「スワーミージー、あなたは僧侶でしょう。そんなに嘆き悲しむべきではありません」と言った。

その言葉はスワーミージーを傷つけた。彼は「どういう意味ですか、プラマダーダスさん？　私はたしかに僧侶です。しかし僧侶はつねに冷静でなければならないのでしょうか？」と言った。そして「真の僧侶はふつうの魂よりもっと心優しいものですよ。私たちは人間なのですから。そして、バララーム・ボシュは私の兄弟弟子だったのですから、なおさらです。人を冷酷で薄情にする禁欲主義は好きではありません！」と言った。

スワーミージーは弟子たちに、他者に善をほどこそうとしない者をサンニャーシンと呼ぶことはできないと、しばしば言っていた。サンニャーシンは生まれながらに他者のために生き、子を亡くした母や悲しんでいる未亡人のように苦しんでいる人びとを元気づけるようにできているのだと、くり返し言っていた。彼は、人びとの潜在する霊性を目覚めさせることによって彼らの霊的欲求を引き上げると同時に、そこで人間の世俗的な苦しみを除こうとしたのだ。

＊　＊　＊

スワーミージーはパヴハリ・バーバーの霊性を非常に尊敬していた。彼はその偉大なヨーギーと個人的な知りあいだった。彼がガジプルに滞在していたとき、泥棒がバーバーの小屋に入って彼のわずかな身のまわりの品を盗もうとしたということを聞いた。泥棒が盗品を持って出ようとしたとき、バーバーは目をさました。これに驚いて、泥棒は盗品をすべて投げすてて走って逃げだした。パヴハリ・バーバーはそれらをすばやくひろい上げて泥棒を追いかけた。必死に追いかけた末ようやく泥棒をつかまえ、その品々を受けとってくれるようにと懇願《こんがん》した。「これは全部あなたの物です。ナーラーヤナ（神様）」バーバーは信じられない表情で彼を見つめている泥棒にそう言ったのだ。

数年後のある日、ヒマラヤ地方を遍歴していたスワーミージーは、聡明《そうめい》な風貌のサードゥに出会った。少し話しているうちに、スワーミージーはそのサードゥが高い霊的境地にあることを確信した。しかし彼が「私は聖者から物を盗もうとした泥棒でした」と言うのを聞いて驚いた。彼は告白をつづけた。「パヴハリ・バーバーが彼の物をぜんぶ私に手渡して、ほほえみながらナーラーヤナと話しかけてくれたとき、私は自分がなんというあやまちを犯してしまったのだろう。なんと罪深い人間なのだろうと気づきました。その瞬間から物質的な豊かさを求める悪い性癖を捨てて、霊的な豊かさを求めることに没頭してきました」彼の話はスワーミージーに深い印象をあたえ、彼は後に「犯罪者は隠れた聖者だ」とよく言っていた。

＊＊＊

スワーミー・ヴィヴェーカーナンダが出家僧としての放浪生活をおくっていたころ、ある興味深いできごとがあった。彼が、やはり放浪生活をしていた兄弟僧たちとミーラートで偶然出会ったのは、一八九〇年一一月の第二週のことだった。久しぶりに会えて、当然彼らはみな喜んだ。彼らはともに暮らしはじめ、そこは第二のボラノゴル僧院となった。

スワーミージーが大の読書好きだということは有名だ。ミーラートで彼は多くの時間を読書についやした。彼の言いつけにしたがって、スワーミー・アカンダーナンダは毎日その地域の図書館に行って〝サー・ジョン・ルーボック全集〟のぶあつい本を一冊借りては翌日それを返すことをくりかえしていた。

図書館の係員はスワーミージーが本を読んでいるわけではなく、人びとに印象をあたえようとしているだけだろうと思った。ある日、スワーミー・アカンダーナンダがルーボックの他の巻を借りにきたとき、その係員は彼の疑惑を率直にあらわした。アカンダーナンダはこれをスワーミージーに報告した。それを聞いて彼はある日みずからその係員のところに行き「私はお借りした本をすみからすみまで注意ぶかく読みました。それについてお疑いがあるようでしたら、本の中から何でもお好きなことをご質問ください」とていねいに言った。そこで係員はたくさんの質問をし、スワーミージーはそれらに正確にこたえた。係員は驚嘆した。彼は今まで、スワーミージーのような人を見たことがなかった！

ケトリのマハーラージャもスワーミージーの読書法に驚いていた。スワーミージーは本のページを最初から最後までひじょうに速くただめくっていた、そしてそれだけで読み終わるのだった！　マハーラージャがどうしてそのようなことができるのかとたずねたとき、スワーミージーは「子供が最初に読み方をおぼえるとき、彼はアルファベットの特定の文字に注目し、それを二〜三回発音してからつぎの文字に進み、そのようにして全部の文字を発音します」と説明した。彼が読む技術を習得するとき、彼はそれぞれの言葉に注意をむける。

何回も練習するうちに、ひと目見ただけでひとつの文がわかるようになる。同様にして、自分の集中力を増していけば、一ページをあっという間に読むことができるのだ。スワーミージーはそれがまさに自分のやったことで、それに加えて三つのことが必要だと言った。それは自制と実践と集中だ。この三つをきちょうめんに守れば、だれでもこの能力を得ることができると。

あるとき、彼はベルガウムの森林分譲局のハリパダ・ミトラにディッケンズの〝ピックウィック・ペイパーズ〟のかなりの部分を暗唱しておどろかせたことがある。ハリパダ・バーブは、スワーミージーがその本を二回読んだだけだということを聞いてさらに驚嘆した。彼はミトラに集中と自制が心をシャープにするのだと言った。

スワーミージーが体調を崩してベルル僧院に滞在していたことがあった。ある日、弟子のシャラトチャンドラ・チャクラヴァルティが彼の部屋に入って、ブリタニカ百科事典の新しいセットがあることに気づいた。シャラトチャンドラはその豪華な全集を見て「一生のうちにこんなにたくさんの全集を読むことはほんとうに困難です」と言った。スワーミージーは同意しなかった。そして「どういう意味なんだい？　いま読み終わった全一〇巻の中から、きみの好きなことを何でもたずねてくれ」と言った。

弟子はスワーミージーに各巻からたくさんの質問を出したが、驚いたことにスワーミージーはそのテストにすべて合格した。それだけでなく、多くの場合、彼はその本の言葉どおり詳細に述べた。そして弟子に自信を持つことを教えこむために「ねえわが子よ、もしきみが厳格な自制を保つことができれば、のぞむことを何でも習得することができるし、このような記憶力は容易に得られるのだよ」と言った。彼のけたはずれな記憶力に驚いたドイツの哲学者ポール・ドゥイッセンにたいしてもスワーミージーは同じようなことを言った。

＊　＊　＊

一八九一年、スワーミージーはアブゥ山でイスラームの弁護士の客として滞在していた。ある日、ケトリのマハーラージャの私設秘書であるジャグモハンラルがその弁護士の家に来て、そこにヒンドゥの僧であるスワーミージーが居るのを見て、非常に驚いた。驚きをおさえることができず、ジャグモハンラルはスワーミージーに「おおスワーミージー、あなたはヒンドゥの僧です。そのあなたがイスラーム人と暮らしているのはどういうことですか?」と言った。

スワーミージーはカーストや宗教的差別、あるいはいかなる種類の偏狭性のごくわずかな気配にも決して我慢することができなかった。そこで彼はきびしい声で「それはどういう意味でしょうか？　私はサンニャーシンです。私はあなたがたの社会的な因習を超えています。私はいわゆるカースト外と呼ばれる掃除人とでも食事を共にします。私は神を恐れません、なぜなら彼はそれを容認しているからです。私は聖典を恐れません、なぜなら聖典はそれを許しているからです。しかし私はあなたがた人民とあなたがたの社会を恐れます。あなたがたは神と聖典について何も理解しておられない。私はブラフマンをあらゆるところに見ます、もっともみすぼらしい生きものの中にさえ。私にとって、高いものも低いものもありません。シヴァ、シヴァ！」と言った。ジャグモハンラルがスワーミージーの偉大な人格の前で圧倒されて立っていたあいだ、スワーミージーのすべての言葉が熱情の雨となって降りそそいだ。

＊　＊　＊

ある日の夕方、ケトリのマハーラージャ、アジト・シンは舞姫の歌を楽しみたいと思った。

それは当時の習慣だった。そのとき、スワーミージーはアジト・シンの客としてケトリの宮殿に滞在していた。マハーラージャはこの宴にスワーミージーを招待したが、スワーミージーはそれをことわり、そのような宴に出ることはサンニャーシンとしての自分の信念に反するという伝言を送った。

おお主よ、私の悪い性質を見ないでください！
あなたの御名《みな》は、おお主よ、
等しく見たまう者！
鉄の一片は聖堂の神の御像にふくまれ、
他の一片は肉屋の手にある包丁にふくまれています。
しかしそれらが賢者の石に触れれば、
どちらも同じように黄金に変わります。
それゆえ、おお主よ、私の悪い性質を見ないでください！
一滴の水は清きジャムナーの中にあり、
他の一滴は道ばたの溝の中の汚水です。

しかしそれらがガンガーに流れ落ちるとき、
どちらも同じように神聖になるのです。
それゆえ、主よ、私の悪い性質を見ないでください！
あなたの御名は、おお主よ、
　等しく見たまう者！

　すべての者すべての物のうちに神が存在しているという真理を表す歌がスワーミージーを深く感動させた。彼は「まだ自分自身と女性を差別しているお前はいったいどんなサンニャーシンなのか？」とつぶやいて自分を叱責《しっせき》した。その歌は彼に偉大な教訓をあたえた。すべてのものは実に「一者」のあらわれであるのだから、だれのことも拒むことはできないということを悟ったのだ。そこで彼は演奏室にかけこみ、その歌を聴いた。そしてその女性を母と見て近づき、自分の失礼な行為のゆるしを乞うた。

＊　＊　＊

サンニャーシンというものは、厳格な意味では、つねに自由な魂だ。川のようにいつも流れている。ときには岸辺の火葬場で夜をすごし、ときには王宮で眠り、またときには鉄道の駅で休む、そして彼はつねに幸福だ。そのようなサンニャーシンであったスワーミージーが今ラジャスタンの駅舎にいた。それに気づいた人びとは終日彼のところへおし寄せた。彼らはたくさんの質問、ほとんどは宗教的な質問をし、スワーミージーは疲れを知らぬかのようにそれらに答えつづけた。そのような状態が三日三晩つづいた。スワーミージーは霊的なことがらを話すことに夢中になっていたので、食事をするために休憩することさえしなかった。彼のまわりに群がった人びとも彼が食べものを持っているかどうか聞くことさえ思いつかなかった！

そこでの滞在の三日目の夜、訪問者たちがみな帰ったとき、一人の貧しそうな男が入ってきて、「スワーミージー、あなたが三日間ずっと話しつづけておられるのを見ておりました。水一滴すらお飲みになりませんでした！　私はそれがとても心配でした」と愛情をこめて話した。

スワーミージーは神がこの貧しい男の姿をとって現れたのだと感じた。そして彼に「なにか食べものをくださいませんか？」と言った。その男の職業は靴直しだったので、すこししためらいながら「スワーミージー、私の心はあなたにいくらかのパンをさしあげたくてたまりませんが、どうしてそんなことができましょう？　私がさわって汚してしまいます。もしお許しくださるなら、粗末なものですが小麦粉とダルを持って来ますから、お好きなように調理してください」と言った。

スワーミージーは「いいえわが子よ、あなたが焼いたパンをください。それを食べることができたら私は幸せです」と言った。その貧乏な男は、はじめためらっていた。もし王様が自分のような低いカーストの者がサンニャーシンに食べものを準備したことを聞いたら、自分は罰せられるだろうということを恐れたのだ。しかし僧に奉仕したいという情熱が彼の恐怖心を征服した。いそいで家に帰り、スワーミージーのために新しく焼いたパンを持ってすぐにもどってきた。この貧乏な男の親切と無私の愛にスワーミージーは涙をながした。われわれの国に、このような貧しい人びとがどんなにたくさんうち捨てられていることか！　と彼は考えた。彼らは物質的には貧しい、そしていわゆる卑しい身分だが、非常に高貴で広い心を持っているのだ。

しばらくして、数人の紳士が、スワーミージーが靴直し屋の持ってきた食べものを食べているのに気づいて、ひじょうに憤慨した。彼らはスワーミージーのところに来て、低い生まれの人間から食べものを受けとることは不適切だと告げた。スワーミージーはしんぼう強く聞いてから「あなたがたはこの三日間、休憩なしに私に話させましたが、私が食事や休息をとっているかどうか誰もたずねようともなさらなかった。あなたがたは紳士であると主張し、カーストが高いことを自慢なさる。さらに恥ずべきことは、あなたがたがこの男を低いカーストであるために責めることです。皆さんは恥ずかしさを感じないで、いま彼が示した親切を見過ごし、彼を軽蔑することができますか?」と言った。

＊　＊　＊

霊的に成長した魂は、ときとして神聖な不満と呼ばれる苦しみを感じることがある。スワーミージーも例外ではなかった。遍歴の僧としての生活を送っていたころ、彼はそれを求めて世俗を放棄したその至高のゴール、神の悟りを得ることに絶望したことがあった。「この人生は自分には無役だ」と独り言を言い、断食して瞑想《めいそう》を続ける決心をした。そして彼の体は枯れ葉のように弱ってしまった。

このように心に決めて、彼は無人の森に入り、一日中なにも食べずに歩きつづけた。日が暮れた頃、非常に疲れて先に進めなくなり、木の下に倒れた。少したったとき、一頭のトラが自分の方へひそかに進んでくるのが見えた。寝そべったまま彼は考えた。「腹をすかせた獣のえじきになることで、少なくともその生きものに奉仕する機会があたえられたのだ。私は世のために役立つことができるだろうとは思えない」そして彼はその自分に襲いかかろうとしているトラを静かに待った。トラはスワーミージーのすぐそばまで来た、そしてなぜだかわからないが、向きを変えて森の暗やみの中へ消えていった。彼は自分の目が信じられなかった！　トラはもどって来るかもしれないと考えつづけた。一晩じゅう木の下で待っていたが、トラはもどってこなかった。

＊　＊　＊

マイソールのマハーラージャ、チャマラジェンドラ・ワディヤーは他の数名のマハーラージャたちと同様に、当時は遍歴僧であったスワーミージーの聡明な人柄と並はずれた才能に魅力を感じ、二人はすぐに親しくなった。ある日マハーラージャが「スワーミージー、私の家臣たちについてどうお考えですか？」とたずねた。家臣たちは全員そこにいた、しかしスワーミージーはありのままを言う癖があった。そこで彼はためらうことなく「家臣はどこの家臣も同じようなものです」と言った。

マハーラージャはスワーミージーの意味していることを理解した。彼は十分な知性を持っていたので、スワーミージーの言っていることが真実だと思った。しかし、スワーミージーに完全には同意していないようなふりをして、それによって自分の家臣たちの名誉を守ろうとして、やんわりと抗議するように「いえいえスワーミージー、私の大臣たちはそのような者ではありません。彼らは知的で信頼できる者たちです」と言った。スワーミージーは「しかし閣下、大臣というものはマハーラージャから金品を盗み、それをイギリス政府の役人に売り渡します」とこたえた。

マハーラージャはスワーミージーの言葉が度を超していると見て、話題を変えた。そしてしばらくしてからスワーミージーを自分の執務室に招いて「親愛なるスワーミー、あまりにも率直すぎることは常に安全とはかぎりませんよ。もしあなたが家臣たちの前でおっしゃったようなことを話しつづけたら、誰かに毒を盛られるかもしれません」と言った。スワーミージーは笑いだして「なんと！　正直なサンニャーシンが、たとえ命を失うことがあっても真実を話すのを恐れるとお思いですか？　閣下、もしあなたの息子が明日私に、父をどう思いますかとたずねたら、私はあなたにはないと気づいている種類の徳をあなたが持っていると言うでしょうか？　私は偽りを話すでしょうか？　いえ、決してできません」とこたえた。

遠慮なくずけずけ言う人ではあったが、スワーミージーは誰のこともかげで批判することは決してなかった。もしだれかの中にまちがった点を見つけたら、かれの前で直接批判した。彼のいないところでは、スワーミージーはその否定的な面は無視して彼の徳をほめようとした。

＊　＊　＊

スワーミー・トゥリーヤーナンダ（ハリ・マハーラージ）はスワーミー・ブラフマーナンダとともにアブウ・ロード駅で、ボンベイ（現ムンバイ）に発つまえのスワーミージーに出会ったときのできごとを話している。そのときスワーミージーは彼に「ハリバイよ、私はきみたちの言ういわゆる宗教というものがいまだに理解できないのだ」と言った。彼は顔に深い悲しみの情をあらわし身をふるわせて、強烈な感情のためにそれ以上話すことができなかった。しかしすぐに、気持ちを落ちつけて、胸に手を当てて「しかし、私のハートはひじょうに大きくなって、他者の苦しみを感じることを学んだ！　信じてくれ、だれかが苦しんでいると、私はその痛みに身もだえするのだ！」と言った。

ふたたび感動にあふれて、スワーミージーのほほには涙がながれた。スワーミー・トゥリーヤーナンダは圧倒された。彼は「これはまさにブッダの愛の言葉であり感情ではないか？」と思った。彼は何百万という人々の果てしない苦悩がスワーミージーのハートの中で脈打っているのをはっきりと理解したのだ。

＊　＊　＊

スワーミージーは自己を信じるという深い意識を持ち、すべてのインド人にも同様に自分を信じる意識を持つことを期待した。彼が西洋に旅立つ前におこったこのできごとは、この例証となるだろう。

スワーミージーとジャグモハンラルはボンベイに向かう汽車の出発を待って、アブウ・ロード駅で列車の車両にすわっていた。スワーミージーを崇拝するベンガル人も見送りにきて、同じ車両にいた。しばらくして、ヨーロッパ人の車掌がきて、その紳士に車両から下りるようにと荒々しく命令した。その紳士も列車の乗客だった。彼は車掌に違法なことはなにもしていないことを説得しようとした。しかし車掌は彼の言うことを聞こうとしなかった。そしてスワーミージーが仲裁しようとしたときには興奮した言い争いになっていた。車掌はスワーミージーを普通の僧だと見て、無礼な態度で〝トゥン・カヘ・バト・カルテ・ホ？（Tum kahe bat karte ho?）〟つまり「なぜお前が邪魔するのだ？」と言った。

ヒンドゥ語でトゥン（tum）は親しい友人や目下の者に話しかけるときに使われ、一方アプ（ap）は対等の人や目上の人を意味する言葉だ。人を見くだしたトゥン（tum）がスワーミージーを怒らせた。彼は「トゥン（Tum）とはどういう意味ですか？　適切な行動がとれないのですか？　あなたは一等車と二等車の乗客の担当なのに、礼儀を知らない！　なぜアプ（Ap）と言わないのですか？」と言った。自分のあやまちに気づいた車掌は「すみません。私は言葉がよくわからないもので。ただこの男を……」と言いかけたが、スワーミージーはそれをさえぎって「たった今あなたはヒンドゥ語がよくわからないと言ったが、自分の母語もよく知らないと見える。あなたが話している男(man)は紳士(gentleman)です」と言った。それからスワーミージーはその車掌に、彼のぶれいな行為を上司に報告すると告げた。車掌はおびえきって、車両を急いで出て行った。

車掌が去ると同時にスワーミージーはジャグモハンラルの方にむいて「ねえ、ヨーロッパ人にたいするときに必要なのは自信だよ。われわれは他者が意識しているのと同じように自分の地位や身分をつねに自覚しているべきだ。不運なことに、われわれはそれに失敗し、そのために外国人たちがわれわれを見くびるようになったのだ。われわれは自分の尊厳を絶対に守らなければならない、さもないとわれわれは軽く見られ侮辱されることになるだろう。いいかい、臆病はすべての堕落と悪の温床なのだ。ヒンドゥ教徒は地球上のだれよりも精神的に進んでいるが、彼らは自分自身をつねに過小評価している。だから、西洋人はみなわれわれに屈辱をあたえても気にしないし、われわれはその侮辱に黙って耐えることになるのだ」と言った。

スワーミージーはこのようにインド人たちに、いかにして自分の国を愛し尊敬するかを教えた。世界は西洋の物質主義よりもはるかにインドの霊的な宝を必要としているということを強く確信していた。そしてこの確信は西洋文化のまばゆいばかりの物質的豊かさに目がくらむことを許さず、また一瞬たりとも、どのような劣等感に悩まされることもなかった。彼がインドの文明と精神的文化のすばらしさを宣言したのもまた、このゆるぎない信念からだった。かれの勇気と信念の強さは、西洋の何千という人びとにインドとその文化を愛する気持ちを吹きこんだ。歴史的な宗教会議においてスワーミージーがどのように見られていたかという識見はドクター・アニー・ベサントのことばから理解できる。

ドクター・ベサントはつぎのように書いている。

「シカゴの重苦しい雰囲気の中で、オレンジ色の服を身にまとい、インドの太陽のように輝くきわだった姿、ライオンの頭と鋭いまなざしそしてなめらかな発声、すばやくて敏しょうな動き……それらが、宗教会議の代表者たちのために準備された部屋のひとつでスワーミー・ヴィヴェーカーナンダに会ったときの、私の第一印象だった。僧、人びとは彼を僧と呼ぶ。正当とは言えないかもしれないが、彼は戦う僧だった。その時、彼は演壇に居たわけではないが、彼の姿は国の誇り、民族の誇り、そして現存する最古の宗教の代表者であるという誇りにあふれていた。そしてインドは、せっかちで尊大な西洋の前でこの彼女の使者、彼女の息子に恥をかかされるべきではないという思いに満ちあふれていたので、かれは僧というよりはむしろ闘士だというのが私の印象だった。彼は彼女のメッセージをたずさえ彼女の名のもとで話し、そしてその使者は自分がそこから来たすばらしい国の威厳を自覚していた。断固として雄々しく力強く、彼は同胞を守ることのできる男の中の男としてきわだっていた」

＊　＊　＊

宗教会議での最初の講演はスワーミージーをひじょうに有名にしたので、シカゴのほとんどの識者は彼を自宅に招待しようとした。皆が彼をもてなしたいと思ったのだ。

会議初日のセッションの後、スワーミージーは大金持ちの邸宅に招かれ、そこですばらしい宴会が催された。主人はスワーミージーが快適であるようにできるかぎりのもてなしをしたが、スワーミージーは名誉や名声に憧れることもなく、また肉体的な快適さも望まなかった。そのためアメリカの人びとからの華麗で壮大な賞賛は、スワーミージーには居心地の悪いものだった。自国でどんなに多くの人びとが苦しんでいるか、忘れることはできなかった。彼のハートはインドの窮境を思って血を流しつづけ、豪華なベッドで眠ることを許さなかった。床にころげ落ちて一晩中子供のように泣き、そして祈った。

「おお母よ、母国が極度の貧困に落ちこんでいるのに、名声が何でしょう！　インドでは悲惨な貧しさのために一握りの米を求めて幾百万の同胞が死んでいます。一方ここで人びとは個人的な快楽のためだけに無駄な金をつかっています。誰がインドの大衆に食物を与え、元気づけるのでしょうか？　おお母よ、どうしたら彼らを助けることができるのか、お示しください」これがスワーミージーのインドへの燃えるような愛だった！

同じようなできごとが、スワーミージーの西洋からの凱旋《がいせん》のあと、ベルル僧院でおこった。スワーミージーの兄弟弟子であるスワーミー・ヴィッギャーナーナンダが当時僧院に滞在していた。スワーミージーは彼をひじょうに愛して、彼が僧団に入る前の名前ハリプラサンナにちなんでペサンと優しく呼んでいた。

スワーミー・ヴィッギャーナーナンダはスワーミージーの部屋のとなりの部屋にいた。ある晩、彼は号泣する声に目を覚まし、スワーミージーの部屋にかけこんだ。スワーミージーは激しく泣いていて、兄弟弟子が入って来たことにも気づかなかった。

「おかげんが悪いのですか、スワーミージー?」とヴィッギャーナーナンダは聞いた。スワーミージーはびっくりして「おおペサン、きみを起こしてしまったのかな。いや、私は病気ではないよ。だが私は母国が苦しんでいるかぎり、眠ることはできない。私はもっとよい時代が早く来ますようにと、シュリー・ラーマクリシュナに祈って泣いていたのだ」と言った。

スワーミージーはインドとインド国民への愛の権化だった。インドを愛することで彼に近づく人すべてを鼓舞しようとした。シスター・クリスティーンは「彼のありえないほど素晴らしい声が〝インド〟と言うのをはじめて聞いたとき、私たちのインドへの愛が誕生したのだと思います。五文字(英語のINDIA)から成る小さな言葉の中にこんなにたくさんのものが含まれているということは信じられないくらいです。そこには愛、情熱、誇り、憧れ、崇拝、悲劇、騎士道精神、そしてまた愛があったのです。完全な書籍全集でも人びとにそのような感情をおこさせることはできないでしょう。それを聞いた人びとの中に愛を生みだす魔法のような力がありました。それいらい、インドは私の心の願望の地になりました。彼女に関するすべてのものが興味ぶかくなり、いきいきとしてきました。彼女の国民、彼女の歴史や建築、彼女の風習や習慣、彼女の川と山と平原、彼女の文化、彼女の偉大な霊的思想、彼女の聖典など、すべて……」と書いている。

＊　＊　＊

スワーミージーのロンドンでの講演は好評をはくした。ある晩彼はラージャ・ヨーガについて話していた。出席者たちはむちゅうになって聴いていた。しかし良いことが必ずしも全員に正しく評価されるとはかぎらない。一人の英印混血の男がスワーミージーにたいしてばかげた非難をしはじめた。はじめのうち、スワーミージーは彼を無視してその日のテーマについて聴衆を鼓舞するように話しつづけていた。聴衆は最初のうち、その男にひじょうにイライラさせられたが、スワーミージーが動じていないのを見て、みな静かになった。

その英印混血の紳士はしだいに乱暴な口調になり、その無礼さは度を超してきた。スワーミージーがブッダを賞賛すると、ブッダを非難し、スワーミージーがサンニャーシンをほめると、サンニャーシンは泥棒だ詐欺師だと言いだした。そして最後に、スワーミージーがベンガル人だと知ったとき、ベンガル人をけなしはじめ、イギリス人をほめたたえた。

たびたび講話を妨害されたあと、スワーミージーはついにその男の方に向きなおり、歴史的見地からイギリスの犯罪行為の多くの例を示しはじめた。大胆なインドの僧にイギリスの核心をまともにこきおろされて、その英印混血の紳士は泣きだした。スワーミージーは悠然と彼の主題にもどり、なにごともなかったかのように講演を終えた。

＊　＊　＊

アメリカ西部の町で講演をしていた中で、スワーミージーは、「絶対の真理あるいは知識を得た人はあらゆる状況のもとでも不変である。彼はつねに穏やかで外部のものによって動揺させられることはない」と発言した。数名の無作法なカウボーイたちがそれを聞いて、彼を試してみようということになった。スワーミージーが講演をするために彼らの村をおとずれたとき、彼らは逆さにした桶《おけ》の上に立って群衆に話をするようにと言った。

スワーミージーは依頼どおりに行動し、自分の講義に集中した。カウボーイたちはしばらくのあいだ近くからやじを飛ばし、彼らの弾丸はスワーミージーの耳をかすめて飛び去った。これによってスワーミージーがうろたえることはまったくなかった。彼ははじめたときと同じ落ち着きをもって演説を続けた。講演を終えたときカウボーイたちは彼のまわりに集まって握手攻めにし「スワーミー、あなたはまったく本物だ。あなたが説いたとおりの人だ！」と断言した。

＊　＊　＊

スワーミージーはアメリカで有名になった。あるとき、彼が汽車から降りたその駅舎で熱烈な歓迎会がおこなわれた。黒人のポーターが「おめでとうございます！　私と同じ種族の人がこのようなすばらしい栄誉を手に入れたことをとてもうれしく思います！　この国の黒人社会全体があなたを誇りに思っています！」と言いながら握手をもとめて近づいた。スワーミージーはそのポーターと強く握手して「ありがとう！　ありがとう、兄弟！」とあたたかく言った。彼は自分が黒人ではないと言おうとはしなかった。

スワーミージーは黒人ではないかと思われて侮辱され、恥をかかされ、南部のホテルでは宿泊を拒否されたこともあった。しかし彼は一度も自分がインド人であると説明したり抗議したりしなかった。西洋人の弟子が彼になぜ自分はインド人で、このような事情で来ているということを言わないのですかと、たずねたことがあった。彼は「なに！　他人に迷惑をかけて対処するだと！　私はそのために地上に来たのではない！」と答えた。

＊　＊　＊

マダム・エマ・カルヴェはフランスの有名なオペラ歌手だった。彼女もアメリカで強い人気を誇っていた。しかしその歌手としての成功とは逆に、私生活はみじめだった。彼女はとても頑固で怒りっぽく、好き嫌いがはげしかった。当然、心は安らかではなかった。それにくわえて、一八九四年の三月に一人娘をシカゴで事故のために亡くしていた。この悲劇のあと、彼女は心のバランスを失いかけていた。このような時期に、彼女の友人が彼女をスワーミージーのところへ連れて行きたいと思ったが、マダム・カルヴェはことわった。彼女は、永遠の平安を得る唯一の方法は自殺することだと考えていたからだった。今までに四回自殺をこころみたが失敗していた。しかし友人が何人もスワーミージーに助けられたのを見て、ついに自分も彼に会いに行くことにした。

彼女はスワーミージーが滞在している場所に行き、書斎に通された。入っていったとき、彼女は、スワーミージーが高貴な瞑想の姿ですわり、サフラン色の衣服はまっすぐに床に垂れ、ターバンを巻いた頭はやや前かがみで、目は床に向けられているのを見た。

スワーミージーは視線を上げなかったが、優しい愛のこもった声で「わが子よ、何という悲しげな雰囲気を持っているのですか！　冷静になりなさい、それがだいじです！」と言った。のちにマダム・カルヴェは書いている。「私の名前すら知らないこの人は静かな声で沈着冷静に、だれも知らない私の悩みや心配について語りかけた。彼はごく親しい友だちにも知られていない私の事情について話してくれた」彼女が帰る時間になったとき、スワーミージーは彼女を祝福し「あなたは忘れなければなりません。また明るく幸せになりなさい。体を健康にしなさい。あなたの悲しみについて一人でくよくよ考えてはいけません」と言った。一瞬にしてマダム・カルヴェは、もう悲しみはない、もう心配事はないのだと感じた。「彼は私の脳からすべての熱病のような複雑なものを取りさって空っぽにし、かわりに彼の明快で平静な考えを入れてくれた」と彼女は書いている。

＊　＊　＊

マダム・カルヴェは彼女の友人であるマダム・ポール・ヴェーディアーにスワーミージーとアメリカの億万長者ジョン・D・ロックフェラーとの次のような出会いを説明した。

マダム・ヴェーディアーのメモによると、ロックフェラー氏は友だちからスワーミージーのことは聞いていた。彼らは彼をこの並はずれたインドの僧に会わせたいと思ったが、彼は何かと口実を見つけてそれをことわっていた。彼はひじょうに意志の強い性格で、彼の決意を変えさせることは誰にもできなかった。しかしある日、ロックフェラーは衝動的にスワーミージーが滞在していたシカゴの友だちの家に行った。ドアを開けた執事を無視して、彼はヒンドゥの僧に会うことを要求した。

執事は彼を居間へ案内したが、到来を告げるのを待たずにロックフェラーは隣にあるスワーミージーの書斎に入った。彼は誰が入ってきたのか見るために視線を上げることさえしないで書き物机の前にすわっているスワーミージーを見て、ひじょうに驚いた。カルヴェの話によると、しばらくしてスワーミージーはロックフェラーに、本人しか知らない彼の過去について多くのことを話し、彼が今までに集めてきた金は彼のものではないこと、彼は単なるチャネルであって彼の義務は世の中に善をなすこと、人びとを助けるというチャンスを持つために神が富を与えたのだということを彼に理解させた。ロックフェラーはこのように大胆な口をきかれてイライラした。彼はいらだってあいさつもせずに部屋を出た。しかし一週間ほど過ぎたころ、彼は予告なしにスワーミージーの部屋に来た。そして彼がこの前と同じようにすわっているのを見て、公共施設に資金を融資するために巨額の金を寄付するという計画を書いた紙をスワーミージーの机の上に投げつけた。

彼は「さあ、どうぞ。あなたは今満足しているに違いない、あなたは私にこのことで感謝すべきでしょう！」と言った。スワーミージーは目を上げることすらせず、動かなかった。それからその紙をとって静かに読み「私に感謝するのはあなたです」と言った。

これが公共の福祉のために行ったロックフェラーの最初の寄付だった。後に彼は慈善事業の分野で広く知られるようになった。

＊　＊　＊

スワーミージーがロバート・インガソルという有名な雄弁家であり不可知論者である人物に会ったのはふたたびシカゴに行ったときだった。彼らは正反対だった。スワーミージーは超自然的真理にゆるぎない信仰を持つ霊性の人であり、宗教的狂信と見せかけの宗教だけには反対だった。一方インガソルはすべての宗教的信心に反対し超自然的真理に対する信仰もなかった。それにもかかわらず、二人は数回会って宗教的あるいは哲学的なことがらについて議論した。

ある日、インガソルがスワーミージーに「私はほとんどのものがこの世界を材料にしてできていると信じています、オレンジをしぼって空っぽにするように、この世はすべて私たちが確信しているものだからです」と言った。

スワーミージーは「私はあなたがするよりももっと良い、この世というオレンジのしぼり方を知っています。しかももっとたくさんの収穫があります。私は私が死なないということを知っているので、急いでいません。恐怖がないことを知っているので、しぼることを楽しみます。私には義務がないので、妻や子供や財産という束縛がありません。つまり私はすべての人びとを愛することができます。あらゆる人が私にとっては神です。人を神として愛するという喜びを考えてみてください！　あなたのオレンジをこの方法でしぼりなさい、そしてそれから一万倍以上の汁を得るのです。一滴のこらず！」と答えた。

＊　＊　＊

彼がロンドンを発つ前、イギリス人の友人の一人が「スワーミー、ぜいたくで愉快で力強い西洋での四年間の経験のあと、あなたは今あなたの母国をどのようにお思いですか？」という質問をした。「こちらに来る前、私はインドを愛していました。今ではインドのちりさえが私にとっては神聖です、その空気さえ今私は崇拝しています。今やそれは聖地です。巡礼地、ティルタです！」と、スワーミージーは答えた。

＊　＊　＊

ある日カルカッタで、スワーミージーは弟子のプリヤナート・シンハに、人は自分の信仰に真の愛を持てば大胆になることができ、そのような確固とした愛はインド人に欠けている強さをもたらすと話した。これに関連して、スワーミージーはインドへ帰る船でおこったあるできごとを語った。

航海中に二人のキリスト教伝道師が彼のところに来てヒンドゥ教とキリスト教の長所短所について議論しようと主張した。伝道師たちは論争に負けはじめたので、しだいにけんか腰になりヒンドゥ教徒とヒンドゥ教を誹謗《ひぼう》しはじめた。スワーミージーはできるかぎり我慢していたが、彼らに近づいて伝道師のうちの一人のえり首をつかんで冗談のようにではあるが断固として「もし私の宗教をまた傷つけたら、私はあなたを海に投げ落としますよ！」と言った。おどろいた伝道師はちぢみあがって「お許しください！　二度といたしません」と小声で言った。それ以後その伝道師たちは彼に会うといつも敬意をもって接するようになったと、スワーミージーはプリヤナートに語った。

この話をしたあと、スワーミージーは弟子の方を向いて、もし誰かが自分の母親を侮辱したらどうするかとたずねた。プリヤナートは答えた。「なぜですか、私だったら彼の首をつかんで十分にこらしめたでしょう！」その返答によろこんで、スワーミージーは「そうだシンハ、もしきみがわれわれの国の真の『母』であるきみの信仰に不屈の忠誠心を持っているなら、きみの同胞がキリスト教に改宗するのを見たら耐えられないだろう。きみはこのようなことを毎日見ている、それでもぜんぜん気にしていない。きみの信仰はどこに行ってしまったのか！　きみの愛国心はどこにあるのだ！　キリスト教の伝道師たちは毎日公然とヒンドゥ教を非難しているが、きみたちのうち何人がそれを守るために立ちあがるだろうか？」と言った。

＊　＊　＊

前にも述べた船旅のあいだ、スワーミージーは多くのイギリス人の弟子たちといっしょだった。船がアーデンに停泊したとき、スワーミージーは船からおりて港から五キロほど離れた、その地方の有名な場所を何カ所かおとずれた。弟子たちも彼に同行した。一行が移動していたとき、スワーミージーがインドのベテルの葉を売っている男を見て突然たち止まった。彼は仲間から離れてその男がすわっている所へ急いで歩みよった。久しぶりにインド人と話をするということは彼にとって大きな喜びだったのだ。

しばらくのあいだ、弟子たちは彼を探していた。彼らはスワーミージーがどこに行ったかわからなかったが、かなりあとで彼らはベテルリーフ屋の横でくつろいですわっている彼を見つけた。すばらしい光景だった。彼がその質素な風貌の男に「兄弟、きみのパイプをくれないか」と言っているのを聞いて、みんなほほえんだ。その男は彼の水ギセルをスワーミージーにわたし、スワーミージーはおおいに満足してそれを吸った。スワーミージーの少年のような無邪気さ、同胞への愛そして小さなことにも喜びを見つける才能に、キャプテン・セヴィヤーたちは深い感銘をうけた。

＊　＊　＊

西洋から帰国後、スワーミージーの体調はすぐれなかった。彼の健康状態は日に日に悪化し、兄弟僧や弟子や支持者らにすすめられて、彼はダージリンへ療養に出かけた。ある日、朝の散歩をしていたとき背中に重い荷物を背おったブータンの女性を見て、スワーミージーは苦しくなった。彼に同行していた人たちは彼女に対するスワーミージーの感情、まるで彼女の苦しみのすべてをわかちあおうとするかのような彼の思いに気づいた。とつぜんその女性は荷物を背おったままよろよろと倒れた。彼女はろっ骨にひどいけがを負った。

そしてスワーミージーもまた同時に彼のろっ骨にひどい痛みを感じた。彼はしばらくじっと立っていたが、「歩くことができない。ひどく痛む」と言った。同行者たちは「どこが痛いのですか、スワーミージー？」とたずねた。ろっ骨をさしながら彼は「ここだ！　きみたちはたった今あの女性がどんなにひどいけがをしたか見なかったのか？」と言った。

まれにではあるが、ひじょうに敏感な人や他者に深く共感できる人の人生では、そのようなことがおこることがある。シュリー・ラーマクリシュナの生涯にもそのようなできごとが見られた。

ある日、シュリー・ラーマクリシュナは船着き場からガンガーを眺めておられた。二そうの船が船着き場に泊まっており、船頭たちが何かのことでけんかをしていた。強い方の男がもう一方の男の背中を強くなぐった。師はこれをご覧になって突然痛みを感じ、叫び声をあげられた。彼の背中は赤くなってはれていた。

＊　＊　＊

スワーミージーが有名になり、国内でも海外でも何千という信者に礼拝されるようになっても、彼の友人たちにたいする行動に変化はなかった。彼らにとってはいつも同じ〝ナレン〟だった。

ラホールに居たとき、スワーミージーは少年時代の友だち、モティラル・ボシュに偶然出会った。モティラルは〝グレート・インディアン・サーカス〟というサーカス団で、彼の曲芸一座のショウを担当していた。スワーミージーは久しぶりに友だちと会えて、話に熱中した。しかしモティラルは落ちつかなかった。「兄弟、私はあなたのことをナレンと呼んでいいだろうか、それともスワーミージーと呼ぶべきだろうか？」と言った。

スワーミージーは大笑いして「頭がおかしくなったのかい？　私の大好きなモティ、何も変わってはいないよ。きみは私にとって同じモティだし、私はナレンだ」と言った。スワーミージーは深い愛とやさしさをもって、そう言ったのでモティラルは強く感動し、それまでの気おくれをすべて忘れた。

＊　＊　＊

もうひとつの感動的なできごとはアルワールで起こった。スワーミージーはアメリカから帰ったあと、そこへ親しい友人や弟子たちに会いに行っていた。多くの崇拝者、友人、そして著名人たちが彼を迎えるためにアルワール駅に集まっていたが、スワーミージーの注意は一人の人に向いていた。その人は見たところ重要人物のようではなく、群衆のはしの方に遠慮がちに立っていた。彼はみすぼらしい身なりではあったが、久しぶりに彼のスワーミージーに会えた喜びで輝いていた。彼もスワーミージーの仲間に入りたかったが、人混みを押しのけて行く勇気がなかった。スワーミージーは彼に気づいて、「ラマシュネヒ！　ラマシュネヒ！」と呼びかけた。群衆はスワーミージーにあいさつするために進み出てきた質素な身なりの男のために道をあけた。スワーミージーは彼を歓迎し、彼とやさしく談笑した。

＊　＊　＊

スワーミージーがアルワールに滞在した短い期間に、彼を崇拝する富裕な人びとの多くが夕食に招待した。しかしスワーミージーは昔の遍歴時代になにも食べるものがなかったとき、食べものを提供してくれた一人の貧しい老婦人に、まず一番に会いたいと思った。スワーミージーは彼女の親切を忘れていなかった。アルワールに着いたとき、スワーミージーは何年か前に彼女からもらったぶあついチャパティを食べたい、そして彼はそれがとても好きだというメッセージを彼女に送った。

その老婦人は喜びのあまり天にものぼる気分だった。そしてひじょうに気をつけてチャパティを作り、スワーミージーと弟子たちを待ちつづけた。彼らが来たとき、彼女は彼らに愛情をこめて質素な食事をさし出した。スワーミージーはその食物を喜び、弟子たちに「なんと信仰ぶかく、母のようにやさしい人だろう！　そしてこの食事はなんと清らかでつつましいのだろう！」と言った。出発するとき、スワーミージーはこの老婦人に渡してくれるようにと言って、その家の主人の手に一〇〇ルピー札をそっと手わたした。

＊　＊　＊

一八九〇年、スワーミージーがヒマラヤ地方を遍歴していたとき、スワーミー・アカンダーナンダが同行していた。アールモラから約三キロのところで、スワーミージーは飢えと極度の疲労のためにひじょうに衰弱していた。近くに住む一人のイスラームの苦行僧が、見知らぬ僧がそのような状態で倒れているのを見つけて、急いでキュウリを持ってきた。しかしスワーミージーはひじょうに弱っていたので、それを口に運ぶことができなかった。そこでこの苦行僧は彼に食べさせてくれた。そのおかげで、スワーミージーは元気をとりもどした。

七年後、スワーミージーがアールモラにもどってきたとき、その地方の人びとは彼を歓迎するために会合を開いた。その式典がおこなわれていたとき、スワーミージーは群衆の中の一人の男に注目した。その男は数年まえ彼を助けてくれた苦行僧その人にほかならなかった。スワーミージーは彼に気づいて聴衆の前に彼を引っぱりだし、この苦行僧はかつて自分の命を救ってくれたことがあると公表した。そしてあとから彼に金を渡した。しかし、その苦行僧はスワーミージーのことを覚えていなかった。

＊　＊　＊

ある年の冬、スワーミージーはスワーミー・ニランジャナーナンダとともにプリヤナート・ムケルジーの客として、デオガールに行った。ある日、兄弟僧と散歩していたとき、スワーミージーは一人の男が苦しみのために身をよじって、道ばたでたおれているのを発見した。スワーミージーはその男に近寄り、急性の赤痢にかかっていると判断した。彼はその男には緊急の医療が必要だということを感じたが、最初に道ばたから移動させなければならなかった。しかし、どこへ連れていくべきか？　そしてプリヤナートの家が思い浮かんだ。しかしスワーミージー自身もただの客だ、どうしてこの見知らぬ男をそこに連れて行くことができるだろうか？　プリヤナートさんはいやがるかもしれない。彼は一瞬ためらったが、どんな犠牲をはらってもこの無力な男を助けようと決心した。そこでスワーミー・ニランジャナーナンダに助けてもらって、その男をプリヤナートの家に運び、体を徹底的に清潔にし、服を着せてベッドに寝かせ、熱い湿布をした。その結果、男はしだいに回復してきた。プリヤナートは怒るどころか、スワーミージーのこのすばらしい愛の表現を見ておおいに感嘆した。

＊　＊　＊

牛保護協会の主導者である牧師が金銭的な援助をもとめてスワーミージーに近づいてきたことがあった。彼はその協会が肉屋の手から母牛を守るために全国各地で牛の診療所を作ってきたことを、スワーミージーに説明した。スワーミージーははじめのうちは我慢づよく聞いていたが、「今、ひどい飢饉《ききん》が中央インドに発生しています。インド政府は九〇万人の人びとの死亡者名簿を作りました。あなたの協会は人びとを助けるためになにかしましたか?」と聞いた。牧師はいいえとこたえて、自分たちの組織は母牛の保護のためだけにあること、そして飢饉の被害をうけた人びとを助けることには何の根拠も見られない、なぜならそのような災難を招くのは彼らのカルマだからと言った。

この不愉快な説明はスワーミージーを怒らせたが、憤怒《ふんぬ》をおさえて静かだが断固とした声で「慈善と愛という名目で鳥やけものにはたくさんの食物を配るが、飢えている同胞の命を救うためには一握りの米もさし出さないような、つまり人間に同情を感じないような組織にはまったく共感を覚えません。それらは世の中の役にたたないものだと確信します。もしカルマの理論を厳密に言うのなら、牛を救うというあなたの意志を含めて、地球上のすべての努力や奮闘はどれもまったく無意味なものになります。母牛が自身のカルマのために肉屋の手に落ちて死ぬこと、そして私たちはそれについて何もする必要がないということをよく納得されているでしょう」と言った。

牧師は言うべき言葉が見つからなかったが、自分の論拠を守るために「はいスワーミー、あなたのおっしゃることは真実です。しかし聖典は牛がわれわれの母だと言っています」と答えた。スワーミージーは皮肉をこめて「まちがいなくあなたは正しい、どこのだれがそのような老練な子供たちを生み出すことができただろうか！」と言った。

牧師はスワーミージーの言葉を理解しかねて、ふたたび牛保護協会への寄付をたのんだ。彼が言い終わったとき、スワーミージーは「私はサンニャーシン、まったく貧乏な苦行僧です。どうやってあなたに金銭的な援助ができるでしょうか？　しかし、いつの日か私が金を持ったら、最初に人間への奉仕に使うでしょう。人間は一番に奉仕され救助されるべきです。食事や教育や霊性を与えられなければなりません。もしこれらの人間の要求をすべて満たしたあと、まだ金が残っていたら、たぶんあなたの協会に何か贈ることができるでしょう」と言った。

＊　＊　＊

〃ヒタヴァディィ〃の有名な編集者、パンディット・シャカラム・ガネーシュ・ドイシュカールが二人の友だち、（そのうちの一人はパンジャブの人だった）といっしょにスワーミージーに会いにきた。このことを知ってスワーミージーはパンジャブ地方が直面している厳しい食糧事情について熱心に話しはじめた。そのときのスワーミージーの心はインドで起こっている悲惨な飢饉のことでいっぱいだったので、ドイシュカールや彼の友だちと霊性のことを議論する心境ではなかった。帰りぎわに、そのパンジャブ紳士はスワーミージーに「スワーミー、私たちは今日あなたからなにか霊的なお話を聞くことを期待しておりました。しかし運悪く、私たちの会話は日常のありふれたことに流れてしまいました。単なる時間の無駄だったと思います」と言った。

これを聞いて、スワーミージーはひじょうに真剣になって「この国に一匹でも飢えた犬がいるかぎり、私の宗教はその犬に食べさせ世話をすることです。他のものはみな、無宗教かまちがった宗教です！」と言った。三人の訪問者はスワーミージーの燃えるような言葉に打たれて無言だった。彼の死後何年かたって、パンディット・ドイシュカールはそのできごとに関連して、スワーミージーのあの言葉は今も自分の心に深く残り、真の愛国心が意味するものをはじめて理解できたと述べた。

＊　＊　＊

インド北部に住む一人の学者がヴェーダーンタの議論において自分が優れていることを示

そうとして、スワーミージーのところへ来た。しかしスワーミージーはヴェーダーンタを議論する気分ではなかった。彼は、全国に広がる飢饉の衝撃の下で苦しんでいる人びとのことをいつも考えていた。彼は「学者さん、最初にいたる所にまんえんしている悲惨な困窮を改善しようとしてください、一口の食べものを求めて苦しんでいる、あなたの飢えた同胞の悲痛な叫びを鎮めようとしてください、そのあとでヴェーダーンタの議論をしに来てください。人間の全生命と魂を支えること、飢えて死にそうな何百万の命を救うこと、これがヴェーダーンタの宗教の本質です」と言った。

＊　＊　＊

スワーミージーはコシポルにあるゴパール・ラル・シールのガーデンハウスに滞在していた。ある日若い男が来て「スワーミージー、私はたくさんの場所をおとずれ、多くの宗派の宗教と深くかかわってきましたが、『真理』とは何かまだ理解していないと思います。私は毎日ドアを閉めて瞑想にすわりますが、平安はこれまで一度もつかめないままです！　スワーミージー、なぜでしょうか？」と言った。

スワーミージーは根気よく聞いてから「わが子よ、もし平安がほしいなら、きみが長年やってきたことの正反対をやらなければならない。ドアはいつも開け放し、まわりを見なければならない。そうすれば、どんなにたくさんの人たちが君の助けを切望して待っているかということに気づいて驚くだろう！　彼らを助けるのだ、食事を与え、飲み水を与え、できるかぎりのことをして彼らに奉仕しなさい。君が平安を得ることを保証するよ」と言った。

＊　＊　＊

デオガールから帰った翌日、スワーミージーはブッダの弟子たちがしたように自分たちの師（シュリー・ラーマクリシュナ）の「福音」を広めるために世界のすみずみにまで行く準備をしてほしいと兄弟僧たちに告げた。最初に、スワーミージーは彼の弟子二人、スワーミー・ヴィラジャーナンダとスワーミー・プラクシャナーナンダをこの使命のために選び、東ベンガル（現在のバングラデシュ）に行くようにたのんだ。

スワーミー・ヴィラジャーナンダが「スワーミージー、私はなにも知りません！　なにを説けばいいのでしょうか？」と言った。スワーミージーは「行ってそれを伝えなさい。それ自体がすばらしいメッセージなのだよ！」と答えた。

弟子はまだ納得できなかった。彼は活動に飛びこむ前にもっと霊性の修行を実践して「自己」を悟ることを許してほしいと、スワーミージーに祈った。スワーミージーはこの考え方が好きではなかったのでこの若い弟子に「もしきみが自分自身の救済を求めるなら、君は地獄に行くだろう！　その願望をまず放棄するのだ。それはすべての修行の中でもっとも難しいものだ。きみが霊性の成就の頂点にのぼりたいなら、他者の救済のために熱心に努力しなさい」と忠告した。

それから声をやわらげて「働け、わが子よ、結果に執着することなく、心魂こめて働くのだ。他者に善をなそうとしているあいだに、君が地獄におちたらどうなるだろうか？　それは自分自身のためだけに天国に行くよりはるかによいことだと断言するよ」と言った。

＊　＊　＊

ある日、バララーム・ボシュの家で、スワーミージーは彼の弟子シャラト・チャンドラ・チャクラヴァルティにヴェーダについて熱心に話していた。シュリー・ラーマクリシュナの在家の弟子ギリシュ・チャンドラ・ゴーシュも同席していた。二人ともその主題についての彼の素晴らしい説明に聞きほれていた。スワーミージーが長時間話したあと、ギリシュが「ナレン、ひとつ聞いてもいいですか。きみがヴェーダとヴェーダーンタ哲学を深く学んでいることはわかります。しかしこれらの聖典は、貧困や食糧難そしてこの国を苦しめているその他のすべての大問題の解決法を示しているでしょうか？　ミセスXは、今まで毎日五〇人の人びとに食事を提供していましたが、この三日間食べるものがありません。また先日、ある主婦が乱暴者たちに殺されました。私の知っている、ある無力な未亡人は親戚に財産を取りあげられてしまいました。あなたのヴェーダは彼らに正義を与えることができますか？　あなたの清らかな聖典は彼らの苦しみを除き、そのようなことが二度と起こらないことを保証できますか？」と言った。

ギリシュは社会の陰惨な図を示しつづけ、おおくの例を引いた。スワーミージーは無言で聞いていた。涙がほほをつたい、彼は急いで部屋を出ていった。そしてギリシュはシャラト・チャンドラに言った。

「きみのグルがどんなに偉大なハートの持ち主か、気がつきましたか？　私はスワーミージーがヴェーダに精通しているからではなく、他者の苦しみを喜んで分かち合う広い心と、彼の無限の愛のゆえに尊敬し愛するのです。インドの人びとの悲惨を聞いて、たった今彼がどんなに激しく泣いたか気がついたでしょう！　ヴィヴェーカーナンダに影響を与えているのはヴェーダでもヴェーダーンタでもなく、人類への愛と慈悲です」

＊　＊　＊

西洋からもどったあと、スワーミージーの健康状態は急速に悪化した。医者たちは完全な休養をとることをすすめたので、彼はダージリンへ行くことにした。しかし数日後、カルカッタで伝染病が発生したというニュースが入ってきた。そのときスワーミージーがどのように感じたかは、一八九八年四月二九日にジョセフィン・マクラウドあてに書いた手紙から知ることができる。その手紙のなかで彼は、自分が生まれた街で伝染病に襲われている人びとに奉仕するために自分の命をささげる決心をしたことを伝え、そしてそれがニルヴァーナを得る最上の道だろうと言っている。スワーミージーは急いでカルカッタにもどり、そこで人びとの心を悩ませている恐怖は、病気そのものよりも死への恐怖だということに気づいた。人びとはパニックにおちいり、家の中に逃げこんでいた。スワーミージーはその事態の重大さを理解し、彼らの恐怖を一掃するための伝染病対策の目録を印刷した。人びとにくばられたその目録で、ラーマクリシュナ・ミッションは可能なかぎり、あらゆる方法で彼らを助けるということが述べられていた。彼はまた、街のさまざまな場所にサービスセンターを開設することにした。しかし救済活動には多大な金が必要だった。兄弟僧がスワーミージーに金はどこから調達するのかとたずねたとき、彼は少しのためらいもなく「われわれは僧だ。木の下で眠ることもほどこし物で生きることもできる。もし百万の命を救うことができるなら、このベルル僧院を売ってもかまわない」と言った。

運よく、他の所から資金の供給があったので極端な出費はまぬかれた。しかしスワーミージーの宣言は彼の心を、同胞たちへの彼の広大な愛と慈悲をあらわしていた。僧院建設のための土地のごく一部を手に入れるために、彼がどんなに苦労し、血の出る思いをしなければならなかったか！　ベルル僧院は彼の夢だった。それでも、彼はもし僧院を売ることで多くの苦しんでいる人びとを救うことができるなら、それを売り払うつもりだったのだ。

＊　＊　＊

スワーミージーの人類への愛は非常に深遠だったので、彼は人びとの悲惨さを思ってしばしば涙をながした。次のできごとは最初のアメリカ訪問のあと起こった。

ある日、彼が滞在していたバララーム・ボシュの家にスワーミー・トゥリーヤーナンダが会いにきた。トゥリーヤーナンダはスワーミージーがライオンのようにベランダを行ったり来たりしているのを見つけた。かれは深く考えにふけっていたので、兄弟僧が会いに来たことに気づかなかった。しばらくして、スワーミージーはミラバイの有名な歌を口ずさみはじめ、そのほほには涙がながれていた。それから彼はたち止まり、手すりにもたれて両手で顔をおおった。彼の声はいっそうはっきりとしていき、幾度もくり返して歌った。

「おお、誰も私の悲しみをわかってくれない！　血を流さない者は痛みを知らない！」

スワーミー・トゥリーヤーナンダはこのできごとを語ったとき、「彼の声は私の心を矢のようにつらぬき、感動のあまり涙が出た。はじめはスワーミージーの悲しみの原因がわからなかったので、とても不安だった。しかし、彼のムードの原因は、苦しみ悩んでいる人びととの全世界的な広大な共感なのだということがすぐにひらめいた」と言っていた。

＊　　＊　　＊

スワーミージーが二度目にアメリカに行ったとき、おもしろいできごとがあった。ある日、彼が川の土手を歩いていたら、若者たちが水面でゆれている糸でつないだ卵の殻を銃でうっていた。彼らは順番に試していたが、誰も命中させることができなかった。これを見ていたスワーミージーはおもしろそうだと思った。彼は笑いをおさえることができなかった。若者の一人が目ざとく見つけて、挑戦的な口調で「これは見ているほど簡単ではないんですよ。あなたがどうやるか、見てみようじゃありませんか！」と言った。

スワーミージーはなにも言わずに、少年の手から銃を取って一二の殻をすべて命中させた。若者たちは畏敬《いけい》の思いで、彼が素晴らしい射撃の名手だろうと想像した。スワーミージーは彼らの心を読むことができたので、生まれてはじめて銃を持ったこと、そして彼の成功の秘訣《ひけつ》は集中力だということを彼らに告げた。

＊　＊　＊

インドに帰る途中、スワーミージーはカイロにたち寄った。彼はたくさんの西洋人の弟子たちや友人たちといっしょだった。ある日散歩をしていたとき、スワーミージーたちは道に迷い、赤線地帯に入り込んでいることに気づいた。スワーミージーの友人たちは、すぐに自分たちがいかがわしい場所に居ることを理解した。彼らはその不潔で悪臭のする通りからスワーミージーを連れ出そうとした。しかしスワーミージーはみんなから離れて、道ばたのベンチにすわっている半裸の女性たちの方に近寄って行った。彼は哀れみをもって彼女たちを見て「かわいそうな子供たち！　あわれな者たち！　彼女たちは自分の神性をその美貌《びぼう》に与えてしまった！」とつぶやいた。彼は涙をながしはじめた。ばかげた身ぶりをしていた女たちは、彼を見て恥ずかしくなり、顔を伏せた。彼女たちの中の一人が彼の衣服のへりにキスして「ここに神を見た人が居る！」と言った。スワーミージーの方に向きなおって「あなたは『神人』です！」と言った。他の女性は深い後悔の思いで顔をおおった。

＊　＊　＊

スワーミージーが汽車で旅をしていたとき、ゆでたグラム（豆の一種）を売る貧しいイスラーム人の行商人が、客室に入ってきた。彼を見たとたん、スワーミージーは同行していたた見習い僧にグラムを食べないかと話しはじめた。「ねえ、グラムはきみを元気にしてくれるよ」と言い、その行商人を指さしてその見習い僧に「いくつか食べてみよう」と言った。見習い僧はスワーミージーの性格をよく知っていた。彼は、スワーミージーが望んでいることはグラムを食べることではなく、この貧しい男を助けたいということだと理解した。そこで彼は一パイサ分のグラムを買ったが、四アナを支払った。

スワーミージーはひじょうに鋭敏な目を持っていた。彼は見習い僧に、いくら払ったかたずねた。「四アナです」と彼は答えた。そしてスワーミージーは彼にやさしく言った。「ねえ、それは少なすぎるよ！　彼の家には妻と子供がいるだろう。一ルピーあげなさい」見習い僧はスワーミージーの指示に従った。しかしスワーミージーはグラムを食べなかった。

＊　＊　＊

スワーミー・ヴィッギャーナーナンダはスワーミージーの超人的な感性をあらわすできごとについて話したことがある。スワーミー・ヴィッギャーナーナンダはベルル僧院でスワーミージーの隣の部屋に滞在していた。ある夜、彼は午前二時に目がさめて、部屋から出たところで、スワーミージーがポーチに沿って落ちつかない様子で歩いているのを見ておどろいた。ヴィッギャーナーナンダは「スワーミージー、どうして起きているのですか？　眠くないのですか？」とたずねた。

彼は「よく眠っていたのだが、とつぜん何かの衝撃を感じて目がさめたのだ。世界のどこかで事故がおこり、たくさんの人が命を落としたにちがいない」と言った。

スワーミー・ヴィッギャーナーナンダは、スワーミージーの言葉を最初は深刻に受け止めてはいなかった。ベッドで寝ていたスワーミージーが遠くのできごとに気づくということが、彼には信じられなかった。しかしおどろいたことには、翌朝の新聞でフィジーの近くで火山の爆発があり、多くの死者がでたことがわかった。その爆発は、スワーミージーがあの衝撃を受けたまさにその瞬間におこっていたのだ。

＊　＊　＊

スワーミージーはインドの過去の栄光について、弟子たちによく語っていたが、同時にインドは将来もっと偉大になるだろうと言っていた。ある日ベルル僧院で、彼は「私を信じてくれ、これから四〜五世紀のあいだにインドに起こることをはっきりとヴィジョンで見たのだ」と彼らに言った。

また別のおりに、彼は注目すべき一連の預言をした。「インドはこれから五〇年のうちに自由になるだろう、自由は独特な方法で実現するだろう。二〇年以内に大戦争が勃発《ぼっぱつ》するだろう。そしてもし西洋の国々が彼らの不毛な物質主義を放棄しなければ、さらなる戦争が避けられないだろう」と言った。彼はまた「インドは、独立したとき、西洋の物質主義を採用して、その分野での過去の記録を超える程度まで物質的な繁栄を得るだろう」といった。また「アメリカのような国々は、極端な物質主義は永遠の平和を与えることができないという単純な真理に、物質的繁栄の絶頂で気づくであろう、そしてじょじょに霊的になるだろう」と予測した。

また他の状況でスワーミージーは、もしイギリスがインドを去れば、インドは中国に侵略される危険性が大きいだろうと述べている。

＊　＊　＊

スワーミージーの偉大な崇拝者であったジョセフィン・マクラウドは、スワーミージーを彼女の友だちだと思っていた。あるとき「スワーミージー、どうすればあなたをもっともよく助けることができますか？」とたずねた。スワーミージーの答えは「インドを愛して下さい！」だった。

＊　＊　＊

スワーミージーは自分自身のことを、〝濃縮されたインド〟だと言った。まさに、彼のインドへの思いはひじょうに深かったので、ついに彼はその権化となった。ヴィヴェーカーナンダとインドはひとつになった。シスター・ニヴェディタは「インドはスワーミージーの偉大な愛着でした……インドは彼の胸で鼓動し、インドは彼の血の中で脈打ち、インドは彼の夢想であり、インドは彼の悪夢でした。それだけでなく、彼は自分自身がインドになりました。彼はじつにインドの権化でした。彼がインドでした。彼はバラト、彼女の霊性、彼女の純粋性、彼女の英知、彼女の力、彼女の洞察力、彼女の運命のまさにシンボルでした」と言って、この確信をくりかえした。

スワーミージーの一生を研究すると、彼がすべての面でユニークだったことを確信せざるをえない。彼ほどインドを愛し、この国を誇りに思い、その福利のために熱心に働いた人はいなかった。そしてまた、彼ほど情けようしゃなく徹底的にインド人の精神の弱さや臆病さや無力さに非難をあびせた者はいなかったことも事実だ。彼はインド人を心の底から愛していたので、両極端に言及したのだ。実に、母親が愛する子供の心を読みとり、また子供にとって必要なことを子供以上によく知っているように、スワーミージーは非常に正確にインドを理解することができた。われわれはスワーミージーの考えからインドの過去、現在、未来の完全な姿を見ることができる。ゆえに、ラビンドラナート・タゴールはロマン・ロランに言ったのだ。

「インドを知りたければ、ヴィヴェーカーナンダを研究しなさい」

参考文献（英文）

The Life of Swami Vivekananda - Eastern and Western Disciples, Vols.1 and 2, 5th Edition
Reminiscences of Swami Vivekananda, - Eastern and Western Admirers, 1st Edition
Swami Vivekananda in America: New Discoveries - Marie Louise Burke, Vol. 1, 3rd Edition.

第三章　スワーミー・ヴィヴェーカーナンダと日本

ヴィヴェーカーナンダの訪日

ヴィヴェーカーナンダは、一八九三年にシカゴでおこなわれた歴史的な宗教会議に向かう途中日本にたち寄り、神戸、大阪、東京、横浜といった都市に三週間滞在したため、日本とは特別なつながりを持っている。シカゴへの残りの旅路につく前には、横浜のホテルに泊まった。

スワーミー・ヴィヴェーカーナンダは単なる宗教的指導者であるだけでなく、時代の預言者でもあった。このため、彼が日本をふくむ外国を訪ねるということは、重要な意味を持っていた。しかし残念なことに、日印関係についての一部の記事や書籍、展示などにおいてはスワーミージーの訪日に関する言及が皆無であることからもわかるように、この側面については認識されていない。さらに、スワーミージーの日本滞在については、たとえば誰に会って、何を見たかなどといった具体的な事実はほとんど知られていない。こういった事柄にかんする唯一の情報源は、彼が七月一〇日に滞在した横浜のオリエンタル・パレス・ホテルで記した手紙である。この手紙の中で、スワーミージーは日本についての印象を簡潔に描写し、日本の特質を高く評価し、日本人がいかにインドの若者を鼓舞できるかについて意見を記している。

「日本人は世界でもっとも清潔な国民だ。すべてが整然としている。ほとんどの道は広く、まっすぐで、平らに舗装されている。小さな家はまるで篭《かご》のようで、ほとんどの町村の背後には松におおわれた常緑の小さな丘が続いている。背の低い、肌の白い、上品な装いをした日本人は、動き、態度、所作、すべてが絵画のように美しい。日本は絵のような国である！　ほとんどの家には裏庭があって、日本式に小さな植え込みや芝生、人造の池や川、小さな石橋がみごとに配置されている」。

ここに書かれた描写は現代に通じるものもあるが、いくつか変化したこともある。たとえば、最近の世代は身長が伸びており、日本人は「背が低い」とはもはや描写できない。スワーミージーは明治維新を経て中世国家から近代国家へと変貌をとげた日本におおいに感銘をうけ、母国も同じような状況になってほしいと心から願った。スワーミージーは横浜からカナダ・ブリティッシュコロンビア州のバンクーバーまで「インドの女帝号」に乗って船旅をしたが、乗り合わせた乗客の中には著名なインドの実業家ジャムシェドジ・タタがいた。

この初めての西洋への旅から帰国した後、私的な場や、記事にもなった演説においてインドの復興について語る時、スワーミージーはアメリカや他の西欧諸国ではなく、同じアジアの同胞である日本を例に挙げることが多かった。インドは日本を復興の模範とすべきだと感じたからだろう。インドの若者には日本と中国に行くよう助言したが、特に日本がどのような変貌をとげて偉大な国家になったかを見てくるべきだと強調した。

ヴィヴェーカーナンダと岡倉天心

一九世紀後半に活躍した著名な日本人美術史家の岡倉天心は、来日していた美術学生でスワーミージーの熱心な弟子であったジョセフィン・マクラウドからヴィヴェーカーナンダのことを教えられ、その独特な人格と業績について知った。実際、岡倉に、インドへ行ってヴィヴェーカーナンダに会い、日本を再訪し初来日では実現しなかった演説をおこなって日本人を鼓舞してほしいと要請するよう説得したのはマクラウドだった。岡倉がこれに同意したのには三つの理由があったと思われる。第一に、岡倉はマクラウドがそれほどまでに賞賛するヴィヴェーカーナンダに会ってみたいと強く思った。第二に、仏教に深いかかわりを持つ美術史家として、岡倉はインドにおける仏教遺物がどのような状態にあるかを見て確かめ、仏跡を訪ねてみたいと願った。第三には、明治政府によって迫害された大乗仏教の信者である天心は、ヴィヴェーカーナンダのような偉大な、しかもブッダに対しておおいなる愛と尊敬を抱いている人物が日本に来て演説をおこない、その言葉と偉大な人格やブッダへの愛で日本人に影響をおよぼしてくれることを願ったのだ。マクラウドは、ヴィヴェーカーナンダの西洋における影響力について、天心に語っていた。

マクラウドは岡倉の訪印に関してヴィヴェーカーナンダに必要な連絡をとり、面会する手はずを整えた。この面会で岡倉は、日本を再訪してほしいとヴィヴェーカーナンダに懇願した。一九〇二年一月の第一週、岡倉はついにカルカッタに到着し、六日、カルカッタ近郊に設立されて間もないラーマクリシュナ僧院の本部ベルル・マトでスワーミージーと面会し、あたたかく迎えられた。

スワーミージーはその後岡倉をブッダガヤーとヴァーラーナシーを巡る旅に連れていった

が、その詳細についてはここでは省略する。重要なのは、スワーミージーの健康状態の悪化のため、日本への再訪が実現しなかったという点だ。ヴィヴェーカーナンダと岡倉の人生に対する姿勢には根本的な違いがあり、おそらくそれがじょじょに表出したことから、両者の関係がこれ以上親密になることはなかったのではないかと思われる。そして二人の関係は、岡倉のインド到着のたった半年後に、スワーミージーの夭逝《ようせい》によって終わった。スワーミージーの体調が悪化した頃に来日を要請したもう一人の人物が明治天皇だったことは、実に驚くべきことだろう。

またスワーミージーが、どのような状況下であるかはわからないが、最期の日となった一九〇二年七月四日に次の発言をしたことは特記すべきだ。スワーミージーは突然、「日本のために何かがしたい」と言ったのだった。これは少なくとも、亡くなるまぎわまで、スワーミージーの思考に日本が含まれていたことを示している。

第四章　シカゴ宗教者会議での
スワーミー・ヴィヴェーカーナンダ

一八九三年九月一一日の午後、スワーミー・ヴィヴェーカーナンダがシカゴでの第一回世界宗教会議で演説するために立ちあがったとき、総勢四〇〇〇のアメリカの聴衆は、自分たちが歴史的なできごとの目撃者であることをほとんど理解していなかった。

彼は貧しく、その国では誰にも知られていない、友もいない一人の僧だった。演壇に立つ他の演説者たちとは異なり、彼はさまざまの不思議なできごとに遭遇し、厳しい試練をくぐりぬけてその会議への参加をかち取らなければならなかった。さらにそれは彼にとって大聴衆を前にする、はじめてのスピーチだった。しかしその日、人気を独り占めにしたのは彼だった。まさにこの最初のスピーチが聴衆をひきつけ、彼は一夜にして有名人になったのだ。このようにめざましく、とつぜんな成功はおそらく前例がないだろう。

しかしこの驚くべき物語とその余波を論じる前に、その前置きにも注目すべきだろう。それも同様にだいじなことだ。

シュリー・ラーマクリシュナ

インドの歴史を研究する者は、彼女の素晴らしい忍耐力に心をうたれずにはいられない。彼女はたびかさなる外国からの侵略に直面して、弱く無抵抗であった。彼女は滅亡寸前まであらゆる迫害を黙ってうけ入れてきた。しかし、なにか不思議な力がはたらいて、彼女は愛というヒモで侵略者をしばり、その侵略者が自分を異国人だと感じることができないほど、彼の中に彼女の特性の多くをそそぎ込んで、ふたたびよみがえってきた。この巨大な融合と忍耐の力がインドの強さなのだ。これは彼女の霊性、彼女の生命力から湧き出るものであり、人種・宗教・国籍に関係なくすべての人類に同一の神性が存在することを全宇宙に示している。

この特別な特徴に適合するように、彼女の歴史はすべて霊性の巨人たちの歴史によるものだった。彼女の存在が危険にさらされているときはいつも、彼女は生き残るために、王や学者ではなく霊性のリーダーを待ちのぞむ。そして国が重大な岐路に立つときはいつも、霊性の指導者があらわれるのだ。

　インドが直面したすべての侵入者の中で、イギリスはかれらのインド侵略が武力だけでなく主たる文化によってもなされたという意味において独特だった。イギリスは、われわれには文化と呼べるようなものはなく、それをこの国に持ちこむのは彼らだということを信じさせようとし、またおおいに成功した。多かれ少なかれ、インドの教養ある青年たちはその考えをうけ入れ、インドのものを単純に軽蔑した。これにたいする反応として、正統派のインド人たちはもっと融通がきかず厳格だった。彼らはインドのものに固執し、善しあしを識別することなく他のすべてを拒絶した。もうひとつ別のグループがあった、彼らは自分たちのインド的なものを西洋のテイストに適合させようとしたのだ。彼らのこころみは、名目上はインドだが本質的には西洋風という方向へのものだった。インドは全体的に完全な混乱状態となり、できるだけ多くの人びとをキリスト教という囲いの中にとり込もうとする改宗伝道事業がこれを利用した。

　このような時代背景のときに、ラーマクリシュナがこの国にあらわれた――貧乏で無学な寺院の祭司。彼はすべての富と、いわゆる教育が、いかにむなしいものかということを示そうとするかのように、自分のそういう状態を好んだ。他の人たちにとっては日常の世界だが、彼にとっては実在である神だけを求め、彼にすべての信仰の究極のゴールを見いだしていた。

すべての霊性の修行を経験したのち、ラーマクリシュナは自分の霊的な至福の経験を他者と分かちあいたいという神聖な衝動を感じた。一群の純粋な若者たちが彼のまわりに集まり、そのうちの多くが彼の教えを実践するために彼らの人生をささげる決心をした。シュリー・ラーマクリシュナは、誠実で純粋で真理のために最高の献身をする用意のできているこれらの若者を愛した。彼らは僧になる決心をし、シュリー・ラーマクリシュナは出家生活のすべての規律に関して彼らを訓練した。彼らの中でもっとも輝いていたのがナレーンドラナート・ダッタ、のちにスワーミー・ヴィヴェーカーナンダとして知られるようになる人物であった。シュリー・ラーマクリシュナは、彼をこの若い僧たちのリーダーとして選び、自分がいなくなったあと、その責任をひき継ぐことができるように彼の人格を形成することに情熱を傾けた。

遍歴僧としてのスワーミー・ヴィヴェーカーナンダ

一八八六年八月、シュリー・ラーマクリシュナはこの世を去った。シュリー・ラーマクリシュナのまわりに集まっていた若い僧たちは師の逝去後しばらくのあいだ、ばらばらになったように見えた。しかし彼らのリーダー、ヴィヴェーカーナンダはあきらめなかった。彼はこれらの僧たちが〝地の塩〟であることを、洗い流すには惜しい存在だということを知っていた。彼らはひとつの組織に結束し、師が望んだように人類への奉仕に献身するべきだった。そしてボラノゴルにある荒廃した建物を借りて、ラーマクリシュナ・ミッションの最初の修道院ができたのだ。シュリー・ラーマクリシュナの若い弟子たちはそこに集まり、正式な修道生活の誓いをたてて共同生活をはじめた。その理想は神を悟ること、そして人の中に神を見て彼に奉仕することだった。

インドの出家僧の伝統にならって、シュリー・ラーマクリシュナの弟子の修道僧たちはときどき僧院をはなれて遍歴の生活をおくった。スワーミー・ヴィヴェーカーナンダも例外ではなかったが、最初のうちは僧院での組織作りの方がいそがしかった。しかし最終的には彼も完全に神に帰依する貧しい放浪生活に入った。その当時、遍歴僧は師に出会うことと彼のもとで学ぶことがもっとも重要だとされていた。〝グル〟と〝母国〟が、彼がすでに深く吸収していた聖典とともに、ヴィヴェーカーナンダという人物の形成に寄与した、とシスター・ニヴェディタは述べている。つまり、ヴィヴェーカーナンダ形成はインド中を遍歴していたこの旅のあいだに完成されたのだった。彼は、貧しい者や富める者、ブラーミンやパリアー、学者や無学の者、王侯や乞食、あらゆる分野の人びととふれあった。彼はインドを、そして自分自身を発見したのだ。自分の国が霊的には活気に満ちているが、物質的には死んでいることに気づいた。貧困と硬直した無関心がすべての場所を支配していた。無学と迷信が最高位に君臨し、大衆は極度に不当な圧迫を受けていた。彼らは自分たちがつまらない存在だと信じさせられていた。インドにおける真の危険は、霊性の欠除ではなく貧困であることを彼は悟った。実際、貧困自体が霊性に問題をひきおこしていた。貧しく飢えた人間は、実際上は物質主義者だ。彼らにとってはパンが唯一の神なのだから。スワーミージーは、霊性を広めるためには貧困が根絶されるべきであり、この国で宗教が説かれるとしたら、それは神に関わるのと同じように人間に気を配ることを教えるものでなければならないと思った。

これにくわえて、自己尊厳がまったく欠除していた。キリスト教の伝道師たちはわれわれの宗教と文化にたいしてあらゆる種類の無意味で侮蔑的な説教をし、教養のある人間たちはそれをうのみにした。しかしこのようなことを黙ってうけ入れることは、スワーミージーにとっては不可能だった。彼の宗教と文化を最高の状態で、つまりシュリー・ラーマクリシュナの中に、見てきたものは真実ではなかったのか？　さらに、彼は僧というより憂国の士だった。たとえ他の人びとが無関心でも、彼は無関心ではいられなかった。自分の母国に、実際受けるべきでない屈辱を受けさせることはできなかった。自分は彼女のプライドを取りもどす何か、彼女の苦痛をとり除く何かをしなければならない。そして、その遍歴の日々に彼は自分の中にそれをするための力があることを発見したのだ。幸運であるためには、時間だけが必要だった。

そのあいだに、コロンブスのアメリカ発見四〇〇周年を記念する記念事業の一環として、アメリカ合衆国で宗教会議がおこなわれるというニュースが発表された。スワーミージーはインド遍歴の旅のあいだどこへ行っても、その学識と会話力にたいする尊敬を集めていた。彼の才能に感嘆した多くの人たちが、西洋に行くようにすすめたが、彼はまだそのことに大した重要性を感じていなかった。しかし宗教会議の知らせがインドにも来るようになり、彼もじょじょにその考えを見なおしはじめた。彼の崇拝者たち、特にマドラスの青年たちはそうするようにと主張しつづけた。しかしスワーミージーは一八九二年の終わりまで決心することができなかった。その時、彼はカンニャクマリに行き、インド最南端の岩の上で三日間すわり、瞑想を続けた。瞑想の中で、インドが全体的にあらわれた。彼女の過去の栄光、現在の退廃、未来の可能性そして彼女の将来を形作る際の彼自身の役わり、それらすべてが彼の前にはっきりとあらわれたのだ。彼は、インドが過去に何度も生き残ってきたように、世界に霊性を伝えるために生き残るであろうと確信した。しかしその前に、彼女は貧困をとり除く方法、よりよい物質的生活を得る方法を他者から学ばなければならない。そこで彼は、西洋の科学や技術がインドのみじめな貧困の脱出法を示すことができるかどうか調べるために、そしてその代わりにインドの霊性が保持している宝を世界の人びとに知らせるために西洋へ行くべきではないかと考えた。

マドラスにいる彼の弟子たちは彼の渡航のためにいくらかの金を集めた。彼らは文字どおりドアからドアへ集めてまわったのだ。しかしスワーミージーは、まだ彼が神の命令を受けていないという理由で、その金を受けることを断り、それを貧しい人たちに配るようにと彼らにたのんだ。僧というものは自分の知性が正しいと認めただけで、ものごとを行うべきではない。彼は神聖なインスピレーションも受けるべきなのだ。スワーミージーはある日、半覚醒《かくせい》の状態でそれを受けた。彼はシュリー・ラーマクリシュナが海を渡って彼について来るように手招きするのを見た。ホーリー・マザー・サーラダー・デーヴィーも彼女の同意と祝福を与える手紙を送った。いまや彼は知的支持と神の承認の両方を得たのだ。西洋へ行くことへのためらいはもうなかった。

マドラスの弟子たちとケトリのマハーラージャは旅費とアメリカでの滞在費用を用意してくれた。すべての手配が完了し、スワーミージーは五月三一日ボンベイから旅立った。出発の数日まえ、彼は兄弟弟子の一人に告げた。「この会議はこれ（彼自身を指して）のために開かれている。私の心がそう告げているのだ」

スワーミージーの時代のアメリカ

スワーミージーを迎えようとしていた頃のアメリカを少し見てみよう。アメリカの創成期からインドは関わりを持っている。コロンブスは、インドへのもっと短い航路を見つけるために出発して、インドではなくアメリカに到着した。もしインドと同じ規模であったなら、宗教はアメリカの植民地の歴史のまさにはじめから重要な役わりを演じただろう。一六二〇年一一月、メイフラワー号でケープ・コッド海岸という不毛の地に着いた巡礼者たちは、信仰の自由を求めて母国をはなれたイギリス人たちだった。彼らはニューイングランドに入植し、二世紀後（スワーミージーの時代）アメリカの知的霊的文化のリーダーとなった。

市民の権利とアメリカ憲法は両方とも、聖書に大きく影響を受けていた。神の父性そして人間の兄弟愛という理想が、神と国家社会の前で人は平等であると宣言している国の政治哲学に反映されていた。平等、自由、正義、公正が重んじられた。またこの国で、インドの思想がまったく知られていないというわけではなかった。アメリカでの先験運動の指導者であったエマーソンはインドの神秘主義に影響を受けていたことは明らかだ。彼はウパニシャドとギーターの熱心な研究者で、彼の著作の多くは一般的にインドの伝統的な霊性に見られる心証に、はっきりと共鳴している。同じことが、エマーソンの仲間であり当時の偉大な思想家であったソーローにも言える。彼はギーターとウパニシャドを深く愛し、彼の意見の中では、現代の世界と文学はギーターやウパニシャドの〝とてつもない〟哲学にくらべて〝弱々しくて平凡〟だと述べられている。一八一九年から一八九二年に生きていたウォルト・ホイットマンもヴェーダーンタの理想に大きな影響を受け、彼の著作の多くはそれを証明している。

ソーローとエマーソンは東洋と西洋の融合を夢見たが、それは実現しなかった。科学技術の進歩が人びとの見解に大きな変化をもたらし、物質的な期待への欲望が増大したからだった。さらにダーウィンの〝進化論〟のために、人びとは人間創造とその結果としてすべてのものを宗教的にとらえる聖書の理論を信じなくなった。この気配は思考の全分野に感じられ、先験論が経験論や物質依存主義や実用主義にとって代わられたのだ。アメリカが生存競争のまった中で守って来た霊的な遺産は、彼女の繁栄が増大しはじめるとともに重要視されなくなっていった。

しかしアメリカの心にある生来の理想主義は完全に破壊されたわけではなかった。それは灰の中の残り火のように隠れて存在していた。思慮深いアメリカ人は、科学的なやり方にさからわない、と同時に人を霊的に鼓舞するような哲学を切望した。それは人が物質的に進歩することを邪魔しない、繁栄の体系の中に倫理や道徳を吹きこむとともに隠された霊的な力への道を指し示すものだった。

言いかえれば、〝科学と宗教の融合〟、〝西洋と東洋の融合〟が要求されたのだ。神の御手の中の道具として、西洋は宗教会議を開くことで、東洋は最も高貴な息子を送りとどけることで、東洋と西洋は知らず知らずのうちにそれを成しとげたのだ。

シカゴでのヴィヴェーカーナンダ

二カ月の航海ののち、一八九三年七月三〇日、スワーミージーはシカゴに到着したが、二つの衝撃的な事実が彼を待っていた。まず第一に彼がヒンドゥ教の代表であるという証明書を持参していなかったために会議への出席が認められる手段がなかったこと、第二にシカゴでの滞在費用がひじょうに高くて彼の乏しい財布はすぐに底をついたことだ。しかし彼はくじけなかった。シカゴで約二週間過ごしたあと、経費の安いボストンに向かった。

ボストンでスワーミージーはミス・ケイト・サンボーンの客となった。彼女は金持ちで影響力のある中年の女性だった。スワーミージーはカナダからシカゴに行く汽車のなかで彼女に出会った。彼女はスワーミージーの人柄に感銘をうけて、もしボストンに来るのなら彼女の農場内の家に泊まってほしいと申しでた。スワーミージーがボストンにやって来たとき、インドから持ってきたわずかな金はほとんどなくなり、ホテルに泊まることは不可能になっていたので、その招待を受ける以外道はなかった。彼を招いた女主人もまったく何の意図もなかった。数日後、スワーミージーはマドラスの弟子に手紙を書いている。「彼女としては人びとに〝インドから来た風変わりな人〟を見せるため、私としては出費をおさえるためだ」あらゆる不確かな状況のまっただ中で彼が常に神にたよっていたことを、まさにこの手紙は示している。彼は書いている。「私はここでマリヤの息子の子供たちの中にいる、そしてイエス・キリストは私を助けてくれるだろう」そしてまた彼の同国人たちへの心配は以前と同じように大きかった。同じ手紙の中で「インドにいる貧しく低い階層の人たちのことを思うと、私のハートはどんなに痛むことか。彼らにはチャンスも逃げ場もはい上がる道もない……彼らは日々どんどん沈んでいく。地球上のどの宗教もヒンドゥ教のような高い意識の中で人類の尊厳を説くものはなく、また貧しい低階層の人たちをこのようなやり方で踏みにじる宗教もない……」と書いている。

会議出席へのドアはすべて閉ざされているように見えたにもかかわらず、彼はアメリカでの自分の仕事をやれると信じていた。そのために道を切り開こうと思った。同じ手紙の中で「もしあなた方が少なくとも六カ月私をここにとどめてくれれば、すべてのことがうまくいくと思います。そのあいだに私が浮かび上がることのできる浮き板を見つけるために最善をつくします……最初にアメリカで、そこで失敗したらイギリスで、それも失敗したらインドに帰って『天』からのさらなる命令を待ちましょう」と書いている。

しかし神にはご自身の計画があった。スワーミージーがハーバード大学のライト教授と知りあったのは、彼を泊まらせてくれたミス・ケイトのおかげだった。ライト教授はすぐにスワーミージーの高貴な人格と英知に富む談話に感銘をうけた。スワーミージーがその会議の信任状を持っていないので入場を拒否されていると知って、彼は「あなたに信任状を要求するのは、太陽にそれの輝く権利があるかどうかとたずねるようなものです」と言った。そして宗教会議の代表者を選考する委員会の議長に手紙をおくり、「ここに学識あるわが国の学者たちを全部集めたよりもっと博識な人がいる」と言って、スワーミージーのことを紹介した。

ボストンで三週間すごしたあと、スワーミージーはふたたびシカゴに向けて出発した。ボストンにいたあいだ、彼は小さな集会で一二回話をした、そのなかで彼は偶然アメリカの心を知ることになった。これは、ある意味で、これからの日々にたちむかう準備をあたえてくれたとも言える。

ふたたびシカゴで

一八九三年九月九日、スワーミージーはふたたびシカゴにもどって来た。それは夕方だった、スワーミージーは委員会のアドレスをなくしたことに気づいて狼狽《ろうばい》した。彼は貨物列車のからの車両のなかで一夜を明かした。おそらく彼は財布もなくしたのだろう、翌朝彼は飢えを満たすために托鉢《たくはつ》をしなければならなかったという記録がある。しかし人びとの反応は非常に否定的で冷たいものだった。そして彼はアメリカで僧が托鉢をすることは不可能だということを学んだ。彼は疲れすぎて歩くことができなくなった。歩道にすわり、神の意志に完全にまかせることにした。神もたぶんこの瞬間を待っておられたのだろう。ちょうどそのとき、道の反対側の家のドアが開き、身なりの良い気品のある女性が出てきた。彼女は彼に宗教会議の代表者であるかどうかとたずねた。そうであることを知ると、女性はすぐに彼を家に招きいれ親切にもてなした。そのあと、みずから彼を会議の事務所に連れて行き、スワーミージーは代表者として受けいれられた。この女性がミセス・ジョージ・ヘイルであった。

宗教会議について

一八九三年のシカゴでの世界宗教会議は、まちがいなく世界の歴史に残る大きな催しになろうとしていた。コロンブスのアメリカ発見四〇〇周年を記念しておこなわれた世界コロンブス博覧会の一部ではあったが、その会議は博覧会のプログラムの中でもっとも広く知れわたり、世界中の人びとが関心を寄せたのだ。これは世界のさまざまな宗教のあいだの対話を実現させる最初の試みだった。体系づけられた宗教的信条のほとんどすべての形を代表する代表者たちが世界各地から送りこまれていた。会議の開催地はシカゴに新しく建てられた

〝アート・インスティテュート〟という建物だった。主会議は四〇〇〇人を収容できるコロンブス・ホールでおこなわれることになっていた。科学や他の補助的な会議のためには、ワシントン・ホールやその他のもっと小さい部屋が使われた。

会議の目的として企画されたことは、世界のさまざまな宗教のあいだに真理の共通地盤を見つけること、そして各々の宗教が世界中の他の宗教を豊かにするためにどのような光を与えてきたか、そして与えることができるだろうかということを調べることだった。このような考えは会議に関連して出されるだけでなく、いつも歓迎されるべきものだが、奇妙なことに、キリスト教社会の反応は完全な賛成というものではなかった。ほとんどの人びとにとって、その会議はキリスト教を他の宗教と比較することによってその名誉を汚す試みのように見えたのだ。カンタベリー大主教はこの場で会議に参加はできないとはっきり発言した。また香港の大使にとってこの会議は〝キリストにたいする背信〟だった。

主催者たちの見解はそれほど狭いものではなかったが、キリストの福音伝道の精神は彼らの心にも作用していた。会議の主催者の長であるバロウズ博士が、会議にたいする批判の手紙の中のひとつに宛てた返事でも明らかだった。バロウズ博士は言っている「私たちはキリスト教が他のすべての宗教にとって代わることを信じています。なぜなら、それは他の宗教にあるすべての真理を含み、さらにその上に人類を救う神を示しているからです。光は暗やみとともにあることはないけれど、薄明かりに手をさしのべることはできる……十字架という十分な光を持つ人びとは、もっとぼやけた明かりの中で模索しているすべての人びとに優しい心をいだくべきです」これはキリスト教の聖職者が最大限に示すことのできる自由主義の限界だった。スワーミージーは主催者たちのこの態度を見のがさなかった。彼はのちに「宗教会議はキリスト教の優越性を証明するという意図のもとに組織された」と言っていた。

宗教会議：開会式でのスワーミージーの演説

会議は九月一一日の朝、祈りをもって開会された。おびただしい数の群衆と会場の厳粛な重々しさがスワーミージーを威圧し、彼はすこし不安を感じた。「私はひじょうに臆病になり、午前中は思いきって話すことができなかった」と彼は述懐している。彼は午後になって四人の代表者が話したあとで演説した。彼が聴衆に「アメリカの姉妹たち、兄弟たち」とあいさつするやいなや、全聴衆は雷鳴のような大喝采をおくった。彼らを実際に感動させたのは見慣れぬ衣服をまとった彼の印象的な風貌でもこの型破りな挨拶でもなく、人びとに強烈な感情をおこさせる彼の存在全体であった。それが、その挨拶をとおして聴衆を彼にひきつける形になってあらわれたのだ。そして、彼が実際にスピーチをはじめる前に勝利は生まれていた。聴衆がしずまると、彼は短いスピーチをした、それは彼の師のメッセージでもあった、

Yata mat tata path ――「信仰の数だけ、道はある」

世界中で一番歴史の古い僧団の名において、私はみなさんに感謝をささげます。いろいろな宗教の母の名において、私はみなさんに感謝をささげます。そしてまたあらゆる階級や宗派の幾百万のヒンドゥ教徒の名において、私はみなさんに感謝をささげます。

私は、自分の信じている宗教が寛容の精神と普遍的な受容とを世界に教えたことを誇りに思っています。私たちは普遍的な信仰の自由を信じているだけでなく、すべての宗教を真実としてうけ入れています。私は自分の国が、この地上のあらゆる宗教や国家の中で迫害されたものや、避難して来たものを保護してきたことを誇りに思っています……。

派閥意識、頑迷性、そしてその申し子としての狂信が、長いあいだこの美しい地球をほしいままにしてきたのです。それはこの地球を暴力で満たし、たびたび人間の血でぬらし、文明を破壊し、そして全世界の人びとを絶望に追いやりました。このような恐ろしい悪魔どもがいなかったら、人間社会は現在あるよりもはるかに進歩していたことでしょう。しかし、人びとの待ち望んでいたときがきたのです。この会議を祝福して、今朝のこの夜明けを知らせて打ち鳴らす鐘が、一切の狂信や、剣あるいはペンによるあらゆる迫害や、また同じゴールに行くためにそれぞれの道を進む人びとのあいだの無慈悲で思いやりのない感情を葬り去る弔いの鐘となって響きわたることを、私は心の底から切望します。

その演説は喝采という新鮮なかたちで終わった。その日一日中、聴衆は演説者たちが各自の宗教を激賞するのを聞いていた。最後にスワーミージーが話したとき、彼らはその言葉が自分たちが心の中で強く望んでいたものだということを、そしてその言葉の青空のように広い、すべてにおよぶ受容性をすぐに認識した。ゆえに、聴衆の反応は自然に発生したものだったのだ。

数年後、ラーマクリシュナ・ミッションの僧（スワーミー・ニキラーナンダ）はその会議の初日に出席していた一人のユダヤ人の知識人に会う機会があった。彼は、ヴィヴェーカーナンダの話を聞いたとき自分の宗教（ユダヤ教）が真実だということをはじめて認識したと言った。彼はまた、スワーミージーは自分の宗教だけでなく世界のすべての宗教のために話しているのだ、と感じたとも言った。事実、スワーミージーが話したことはすべて単なる言葉ではなかった。彼はそのスピーチの中で話した真理を生きていた。だからその言葉は聴く者のハートに直接ひびくひじょうに大きな影響を与えたのだ。

この講演のインパクトは絶大だった。一夜にして彼は有名人になった。彼はそれ以後、会議の中心人物となったのだ。壇上を横ぎるだけで喝采を浴びた。かれの人気に気づいて、主催者たちは最上のものを最後にとっておくために、彼を最終の演説者にした。聴衆もヴィヴェーカーナンダの短いスピーチだけを聴くために、それまでの退屈で長い会議のあいだじゅう辛抱強くすわっていた。ある著名なインド人が、約一年後にこの最初の講演について述べている。

「ヴィヴェーカーナンダの成功ほど突然のものはありえなかった。じつに、演説家の成功の歴史の中でこれほど人びとを驚かせたものはほとんどないだろう」

会議の初日にたまたま居あわせた老婦人はスワーミージーの最初の講演を聴いた経験について次のように話した「あの若者が立ちあがって、〝アメリカの姉妹たち、兄弟たち〟と言ったとき、数千人の人たちが自分たちの知らない何かへの感謝をあらわして立ち上がりました。演説が終わると、多数の女性たちが彼の近くに行こうとして長椅子を乗りこえて行くのを見ました。私は〝若者よ、彼女たちのこの猛攻撃に耐えることができたら、あなたはまさに「神様」です！〟と一人つぶやきました」それ以後、そのような猛攻撃がかれの日常生活の一部になったが、彼はその状況の中でただ神の御手を見ながら平静をたもっていた。

ヒンドゥ教についてのスワーミージーの文書とその他のスピーチ

全員参加の会議や科学部会をふくめて、スワーミージーは一二回の講演をしなければならなかった。その中の六編だけが〝Complete Works of Swami Vivekananda〟に収録された。バロウズの本の中に、世界宗教会議は題名と日付つきで他の四編を提供した。意味深いことには、これらの講演のうちのひとつは禅仏教に関するものだった。公式にはヒンドゥ教の代表として登録されていたが、彼はそれだけに自分自身を限定することを好まなかった。彼の主題は宗教の普遍性であり、彼はそれを会議が終わってしばらくしてから次のような言葉で表現した。

「世界の宗教は『一者』である『宗教』をさまざまな表現であらわしたものにすぎない」

二回目の短い演説で、彼は井戸に住んでいて、彼の井戸の外にどんな世界があるか信じないカエルの話をした。無知であるために、彼は海でさえ自分の井戸より小さいと思った。人間の思考世界を制限して排他的にするそのような視野の狭さが、人間の集団を他者と争わせる理由なのだとスワーミージーは言った。彼は〝われわれのつまらないバリアを取りはずすためのこころみを提供してくれたことで、この会議に感謝した。

三番目の講演は九月一九日付けのヒンドゥイズム紙に掲載された。これは、ヒンドゥ教の公式の代表としての、彼の主要な演説として扱われるべきものだった。そしてまた、彼の〝ヒンドゥ教〟は決して偏狭な宗教ではなかった。ニヴェディタは次のように評価している「それは彼を通して語られたインドの宗教的気づきであり、彼の同胞全体の過去の歴史によって決定された彼らのメッセージでした」彼はヒンドゥ教が持つたくさんの宗派について、あるいは特別な神や「女神」については何も話さなかった。それは実際、西洋の聴衆にとってなじみのない用語をそぎ落としたヴェーダーンタの講義だった。つまり彼は哲学と心理学と一般的なヒンドゥ教の観念の要約を話したのだ。ムクティ（解脱）つまり解放を得ることがヒンドゥ教にさだめられたゴールであり、それが得られたとき、人は永遠に純粋で自由な「魂」という自己の真の性質を悟るのだということを話した。ヴェーダの時代の賢者のように、彼は聴衆に向かって〝永遠の至福を受け継ぐ人びと〟と語りかけた。そして新しい信仰の指導者の雰囲気をもって宣言した。

「そうです、ヒンドゥ教はあなたがたを罪びとと呼ぶことをこばむのです。皆さんは神の子供です、不滅の至福を分け持つ人びと、神聖で完全な存在です。地上の神々である人たちのことを罪びとなどと！　人をそのように呼ぶことこそが罪です。それは人間性にたいする普遍《ふへん》の侮辱です」

彼はまた、ヒンドゥ教における多神教や偶像崇拝の真の意味を説明した。神々のさまざまな像は、十字架がキリスト教において神性のシンボルであるのと同じように、一つの「全能の神」の中のさまざまなシンボルにすぎない。彼は「どういうものか、心の構造の法則にしたがって、私たちが無限という観念をかならず青空か海の光景に結びつけることはご存じのとおりですが、同様に私たちは神聖という観念を教会とかモスクとか、十字架に結びつけます。ヒンドゥ教徒は、神聖、純粋、真理、遍在、および他のそれに似た観念を、さまざまな神像や形に結びつけてきました……人は神性を悟ることによって神聖になるべきものです。偶像や寺院や教会や書物は彼の子供時代の助けにすぎません。それらは相対的なものを通して『絶対の真理』を表現する手段にすぎないのです。神像や十字架や新月は要するにさまざまなシンボル、この霊的観念を掛けるためのさまざまな木くぎにすぎないのです」と言った。

「ヒンドゥ教では、人間の真の性質は神聖であり、すべての宗教の目的はその神性をあらわすことです。ヒンドゥ教徒は、すべての宗教が物質的な人間を神へと進化させる過程だと見なします。ゆえにヒンドゥ教の見方では、すべての宗教は同じゴールにむかうものだから、等しく正当なのです。もし違いがあるとすれば、それはさまざまな環境に応じて自らを適応させる、同一の真理からくる外見だけです」

結論において彼は、時間的でも空間的でもなく派閥的な境界もない、そして壮大な総合体の中の人間の心という態度を包括する理想を提案した。

もしここに普遍宗教というものがあるとしたら、それは特定の時間と空間には限定されないものでなければならず、それが説く神のように無限であり、その太陽はクリシュナとキリストの信者たちの上に、聖者たちと罪びとたちの上に、同じように輝くでしょう。

それはバラモン教的でも仏教的でもキリスト教的でも回教的でもなく、これらすべての合計であってなおその上に発展のための無限の余地をもっているでしょう。その普遍性のために、けものとたいして違わない最低の野蛮人から、その頭脳とハートの徳によって人間のレベルをはるかに超え、人びとに畏敬の念を起こさせ、人間としての性質を疑わせるほどの最高の人にいたるまで、すべてをその無限の腕に抱擁し、それらのおのおのに場所をあたえるものでしょう。それはその政策の中に迫害や不寛容のための余地をまったくもたず、一人一人の男女の内に神性をみとめ、その全意図、その全力を人類が自らの神性を自覚するのを助けることに向けている宗教でしょう。このような宗教を提供するなら、すべての民族がそれにしたがうでしょう。アショカ王の会議は仏教信仰の会議でした。皇帝アクバルのそれは同じ目的をもっとはっきりと打ち出したものですが、これはサロンのアカデミーにすぎませんでした。主はあらゆる宗教の中に在る、ということを世界中に向かって宣言する役目はアメリカのために残しておかれたのです。調和の旗をかかげて文明の先頭を行進する役はあなた方に与えられたのです。

この演説は、すべての信仰と信条を受けいれる寛容さという点でユニークだった。それはさまざまな宗派の教義のどれひとつ攻撃はしていないけれど、その多くをうちくだいていた。普遍的な宗教という彼の定義は、すべての派閥的な教義をまさに根底からくつがえすものだった。会議の精神は、スワーミージーが自分自身の宗教に信仰を持ちつつ、他者の宗教に敬意をはらうにはどうしたらよいかを示したことによって生き返ったのだ。

九月二〇日の短いスピーチの中で、スワーミージーはインドにおいて宗教はさしせまった必要ではない、なぜなら彼らは宗教は十分に持っているからだと述べた。また、インドのかかえている問題は貧困であり、彼は自国の困窮している同胞への助けを求めてアメリカに来たのだと説明した。聴衆は〝神聖な正義の演説者〟が愛国者でもあることを認識した。

五回目の演説は〝ヒンドゥ教を成就する仏教〟についてだった。仏教はヒンドゥ教を論理的に発展させたものだと、彼は言った。「ヒンドゥ教は仏教なしには存続できないし、仏教はヒンドゥ教なしには生きられません」彼はブラーミンの頭脳と仏教徒のハートとの結合がインドにとって大切であることを強調したのだ。

九月二七日の最後の会議で、スワーミージーはふたたび最高の場に立った。宗教の普遍性への理解を願って、スワーミージーは次のように話した。

宗教統一の共通地盤について多くのことが話されました。私は今ここで、あえて自説を述べるようなことはいたしません。しかし、ここに出席しておられる中の誰であれ、この統一は諸宗教の中のどれかひとつが勝利し他が滅亡することによって得られるであろうと期待なさるなら、その人に向かって私は、〝兄弟よ、あなたの望みはかなう見込みのないものです〟と申しましょう。私がキリスト教徒をヒンドゥ教徒にしたいと思いますか？　とんでもないことです。

キリスト教徒がヒンドゥ教徒や仏教徒になるべきではなく、ヒンドゥ教徒や仏教徒がキリスト教徒になるべきでもありません。ただ各自が他者の精神を吸収しつつ、しかも自己の個性を保ち、自分自身の成長の法則に従って進歩すべきです。

もし宗教会議が世界に何かを示したとすれば、それはこのことです。会議は神聖さ、純粋さそして慈悲は世界のいかなる教会の専有物でもないということ、またあらゆる宗教体系がもっとも高貴な人格の男女を輩出しているということを、世界にむかって証明しました。この証拠を前にして、もし誰かが自分の宗教だけが生き残って他が滅びることを夢見るなら、私は心から彼を哀れみます。そして彼に向かって、いくらさからっても、まもなくあらゆる宗教の旗印に〝助けよ、そして戦うな〟、〝紛争ではなく調和と平安〟

と書かれるであろうと指摘するでしょう。

こうして世界宗教会議は終わりを迎えた。しかしアメリカの人びとは、このユニークな催しを忘れることができなかった。彼らはそれについて、特に会議の〝ヒーロー〟だったスワーミー・ヴィヴェーカーナンダについて語りつづけた。彼はもう無名の僧でいることはできなかった。シカゴの街頭には、〝インドのヒンドゥ僧〟と書かれた彼のポスターが掲げられた。彼が行く所には数百人の人びとが集まった。彼のそばに行くこと、あるいは彼と握手することは光栄と見なされた。アメリカの新聞や知識人たちはみな、彼を賞賛した。彼のことをブッダとかキリストと表現する人たちもいたし、自国のために、また自己の信じる真理のためにたち上がった〝勇士・僧〟と評する人たちもいた。「われわれは彼の国の人びとに伝道師を送った！　しかし彼らがわれわれに伝道師を送ることはもっとふさわしいことだったのだ」これは彼のスピーチを聞いて誰かが言った言葉だが、彼の話を聞くという恩恵をうけた多くの人の印象でもあった。

会議の総合委員会の長、ドクター・バロウズは「スワーミー・ヴィヴェーカーナンダは聴衆にすばらしい影響を与えた」と述べ、科学部会の長、ミスター・マーウィン・マリー・スネルはさらに熱狂的に「スワーミー・ヴィヴェーカーナンダは、ずばぬけて最高に重要で、ヒンドゥ教の典型的な代表だった。彼がじつに、この会議の中で一番人気があり影響力のある人物であることに疑問の余地はなかった……彼は、キリスト教徒、異教徒を問わず他の講演者たちより大きな熱狂的支持をうけた。人びとは彼の行く先ざきで彼のまわりに群がり、彼の一語一語に熱心に耳をかたむけた。もっとも厳格な伝統的キリスト教徒が彼のことを〝彼はまさに人びとの中の王子だ〟と言っている」と述べた。

会議の後、スワーミージーはもはや物質的な欠乏で苦しむ必要はなかった。アメリカ社会の豊かな上流階級の人びとは、ヴィヴェーカーナンダを客として招くことを光栄なことだと思った。しかしスワーミージーは自分の個人的な快適さなど決して望んではいなかった。招待者の豪華なもてなしは、彼に自国の貧しさという対照的な光景を思い出させた。いつになったら我が同胞たちは少しでも豊かになるのだろうか、ということが彼の心の絶えることのない叫びだった。ときどき、この思いがあまりにも強くなって、眠れぬ夜をすごすこともあった。彼は自国の苦難をとり除く強さを神に祈って、むせび泣きながらベッドから下りて床に身を投げ出し、ころげのたうったものだった。

彼の雄弁が多くの人びとを引きつけたが、実際は彼のそばに行ったとき彼らがさらに感銘をうけたのは、彼の性格の慈悲深く思いやりのある点だった。「彼は堂々とした態度、素晴らしい会話力、人を引きつける雄弁さなどの理由で、そしてとりわけ、世俗を超越した純粋さと性格の清らかさによって、いかなる環境においても輝いている人だった……ヴィヴェーカーナンダを知ることは、彼を好きになることであり、彼をよく知ることは彼を敬愛することだった」とのちにある弟子が述べている。

　このような賞賛の嵐の中で、スワーミージーが自分自身の名声を求めることはなかった。達成したすべてのものの中に、彼は神の保護だけを感じた。会議が終わったあと、ミスター・ライトへの手紙の中でスワーミージーは「親愛なる兄弟、世界中から集まった多くの優秀な演説者たちの前に立って話すことを私はとても恐れましたが、主は私に強さを下さり、ほとんど毎日勇敢に演壇で聴衆にたちむかうことができました。もし私がうまくできたとしたら、彼がそれにたちむかう強さを下さったからです……栄光は彼にあり、彼の最高の目から見れば、インドから来た貧しく無知な僧はこの強大な国の博学な信仰者と同じです」と書いている。このように彼は、栄光の日々でも苦難の日々でも常に同じように神に身を任せる一人の僧だった。

インドと世界全体に与えた衝撃

シュリー・オロビンドは「ヴィヴェーカーナンダのアメリカへの渡航はインドがふたたび目覚める〝最初の明らかな徴候〟だ」と言った。オロビンドの言葉を借りれば〝生き残るためだけでなく、征服するために〟彼女は目覚めたのだ。インドは彼女自身のためだけではなく、彼女の霊的な知恵で世界を豊かにすることによって全人類のために生きようとしたのだ。

このインドの目覚めはどのようにしておこったか？　アメリカでのスワーミージーの成功の知らせが流れこんできたとき、国中が感動し歓喜に満ちあふれた。インド人でも西洋人たちの尊敬をかちとることができる、しかもこんなにすばらしく！　それは彼らのもっとも広大な夢でさえも、想像できないようなものだった。彼らは自分たちが思っているほどつまらない存在ではないのだということに気づいた。その気づきからおこった自己尊重の感覚は驚異的だった。実際、これはインドの歴史のターニングポイントとなった。イギリスの支配をひっくり返すために最終的に国民をかりたてた全国的な覚醒へとつながったのだ。ガンジー、オロビンド、スバース・チャンドラ・ボシュなどのような人物、そして他のおおぜいの指導者たちがスワーミージーからインスピレーションを受けた。彼らはインドを、彼女のストロングポイントとウィークポイントを、彼を通して発見した。新生インドの図面が彼らの心から出てきた、その大部分はスワーミージーが夢見たインドだった。スワーミージーが多くの人びとから〝インド国家再生の父〟と見なされたことは当然だろう。

しかしスワーミージーはインドのものであるのと同様に世界全体のものだった。彼はかつて「私は、ブッダが東洋のために出したメッセージを西洋のために出す」と言ったことがある。彼が世界の人びとに発信した最高のメッセージはヴェーダーンタについての声明だ。ヴェーダーンタはすでに知られていたが、それはスワーミージーが説いた形のものではなかった。人間は神聖だ。彼は罪を犯すかもしれないが、決して生まれつきの〝罪びと〟ではない。真理はひとつだが、それはさまざまな角度からながめることができる。世界の宗教は、「一者」であるところの同じ「真理」をさまざまな形で表現しているにすぎない。宗教の多様性はさまざまな気質の人びとが自分にふさわしい宗教をもつ機会を提供するという意味で歓迎される。たくさんの宗教があることは悪いことではない。偏狭な派閥主義の中に悪があるのだ。要するに、これらが会議での彼のメッセージだったのだ。

これらすべてが、偏狭で窒息しそうな空気の中で生活することでうんざりしていた西洋の人びとに新鮮な空気をもたらした。新しい生き方、他者が生きることを認める、全世界をひとつの家族とする生き方を彼らに示したのだ。彼らの狭い〝井戸〟はこわれはじめた。彼らは他者の立場に心を開きはじめた。このことはマーウィン・マリー・スネル閣下によっても承認された。彼は宗教会議の主要な成果のひとつは、それがキリスト教社会、特にアメリカの人びとに、キリスト教よりももっと尊重すべき宗教があり、それは哲学的な深遠さ、霊的な強烈さ、思想の自主的な力強さ、そして人間らしい思いやりの広さと誠実さにおいて、それにまさっているということを教えたことだと言った。スネル閣下がスワーミージーに大きな教訓を受けたことはまちがいない。

西洋人たちの中にはヴィヴェーカーナンダが彼の最高のメッセージを西洋にもたらしたと主張する人たちもいた。最高とは、それらが普遍的であるということだ。それらの妥当性は全人類に向けられたものであり、宗教や国籍や特別な時に関係なく万人に通じるということだ。最近アメリカで出版されたある本〔1〕の中で、ヴィヴェーカーナンダが彼のメッセージの舞台としてアメリカを選んだことはアメリカの本質的な要求の役にたったと、書かれていた。その要求とは何だろうか？　人生とはなにか霊的で道徳的な基盤の上にたつべきものだという事実に、アメリカの人びとの目を向けさせることだ。アメリカの創立者たちは宗教と道徳の重要性に大きな重点をおいていたが、物質的な繁栄がすすむにつれて人びとはそれを忘れたのだと、その本の著者は見ている。神のご意志が、人びとに失われた精神的よりどころをとりもどさせるために、ヴィヴェーカーナンダをその国に行かせたのだ。クリストファー・コロンブスはアメリカの土地を発見したが、ヴィヴェーカーナンダはその魂を発見したと、著者は書いている。作者によると、ヴィヴェーカーナンダの偉大な贈り物は、アメリカの生活のすべての不完全さをとり去り、それを調和のとれた完全なものにすることができるヴェーダーンタである。しかし不幸なことに、その贈り物はまだ開かれないままなのだ。ヴェーダーンタの広大な可能性はまだ探求されていない。もしそれが探求されれば、一種の〝新しいアメリカの革命〟がおこるだろうと、作者は言っている。

スワーミージーは、ヴェーダーンタが森に住む少数の人たちだけのためにあるのではないと信じていた。ヴェーダーンタはすべての人のためにあったのだ。「一者」と「神性」というヴェーダーンタの真理は人生のあらゆる分野で実践することができる。彼は〝難解なアドヴァイタ〟を日常生活のなかでの〝生きた詩的な〟ものにすることが彼の〝生涯の仕事〟だと言っていた。だから、会議でのそしてその後のスワーミージーのメッセージは、人に自己の「神性」の本質を思いおこさせ、その個性にもとづいた生き方を示すものなのだ。肉体的には、人は小さく、一人一人異なっている。しかしその「神性」の本質においては一つであり偉大なものだ。不調和や不一致は、個人生活や共同生活の中であれ、国家的レベルや国際レベルであれ、表面上の不一致を過度に重要視して、基盤となる「単一性」（皆、「一者」であるという思想）を見失うということの唯一の弊害から起こるのだ。

しかし今日の世界を苦しめている政治的・宗教的・民族的な衝突はわれわれが「神の単一性」という輪を失ったということを証明している。そのため、地球は不一致に引き裂かれつづけているが、スワーミージーは〝調和と平和〟という彼のメッセージをもって今も重要な貢献をしつづけているのだ。

［注1］: The Gift Unopened: A New American Revolution, by Ms Eleanor Stark

ヴィヴェーカーナンダの物語［改訂版］
スワーミー・ヴィヴェーカーナンダの生涯における注目すべきできごとと彼の言葉
Swami Vivekananda the Friend of All [2nd Edition]

2014年05月25日 初版第1刷発行
2018年07月23日 改訂版第1刷発行

発行者 日本ヴェーダーンタ協会会長
発行所 日本ヴェーダーンタ協会
249-0001 神奈川県逗子市久木4-18-1
電 話 046-873-0428
E-mail info@vedanta.jp
Website vedanta.jp
FAX 046-873-0592
印刷所 モリモト印刷株式会社

万が一、落丁・乱丁の場合は送料当方負担でお取替えいたします。
定価はカバーに表示してあります。

 ISBN978-4-931148-70-3
Printed in Japan

スワーミー・ヴィヴェーカーナンダの刊行物
（協会出版物より）

スワーミー・ヴィヴェーカーナンダによる書籍

- カルマ・ヨーガ
- バクティ・ヨーガ
- ギャーナ・ヨーガ
- ラージャ・ヨーガ
- わが師
- シカゴ講話集

スワーミー・ヴィヴェーカーナンダに関連する書籍

- 最高の愛
- スワーミー・ヴィヴェーカーナンダの生涯
  （スワーミー・ニキラーナンダによって書かれた詳細に書物）
- 立ちあがれ、目覚めよ
  （スワーミージーのメッセージを文庫サイズにまとめた書物）
- 調和の預言者
  （スワーミー・テジャサーナンダ著、スワーミージーの比較的短く書かれた生涯と教えの記述をあわせた書物）
- スワーミー・ヴィヴェーカーナンダと日本
  （スワーミー・メーダサーナンダ著、バイリンガル本）
- 真実の愛と勇気
  （直弟子たちの生涯が書かれた書物。スワーミージーの生涯も一部掲載）
- インド賢者物語（絵本）

に基づく有名なマントラ（真言）の一つで、強い霊的波動と加護の力を持つことから広く唱えられています。

新版：CD マントラム 1200円（約66分）。インドと日本の朗唱集。インドおよび日本の僧侶による。心を穏やかにし、瞑想を助けます。

シュリー・ラーマクリシュナ・アラティ　価格2000円（約60分）毎日ラーマクリシュナ・ミッションで夕拝に歌われているもの、他に朗唱等を含む。

シヴァ－バジャン（シヴァのマントラと賛歌　価格2000円（約75分）　シヴァに捧げるマントラと賛歌が甘美な声で歌われ、静寂と平安をもたらす。

こころに咲く花　～やすらぎの信仰歌～　価格1500円（約46分）　日本語賛歌CDです。主に神とインドの預言者の歌で神を信じる誰もが楽しめる内容。

ラヴィ・シャンカール、シタール　価格1900円 世界的な演奏家によるシタール演奏。瞑想などのBGMに。

ハリ・プラサード、フルート　価格1900円 インド著名な演奏家によるフルート演奏。瞑想などのBGMに。

ディッヴャ・ギーティ（神聖な歌）Vol. 1～3　各価格2000円（約60分）聞く人のハートに慰めと純粋な喜びをもたらし、神への歓喜を呼び覚ます歌です。

ディヤーナム（瞑想）　価格2000円（77:50分）信仰の道（バクティ・ヨーガ）、識別の道（ギャーナ・ヨーガ）の瞑想方法を収録。

普遍の祈りと賛歌　価格2000円（44:58分）サンスクリット語の朗誦と賛歌によるヴェーダ・マントラ。

シュリマッド・バガヴァッド・ギーター（3枚組）価格5000円（75:27、67:17、68:00分）サンスクリット語。インドの聖なる英知と至高の知恵の朗誦、全18章完全収録。

シュリマッド・バガヴァッド・ギーター選集　価格2200円（79:06分）上記のギーター3枚組より抜粋し、1枚にまとめたCD。

電子書籍（現在アマゾンのみの販売）

書籍（キンドル版）のQRコード。最新のものからすべて見ることができます。
https://goo.gl/haJxdc

雑誌（同版）、最近の雑誌を一冊ごとにキンドル化。
https://goo.gl/rFHLnX

雑誌合本総合（同版）、年ごとの合本（〔初期は12冊〕。１９６４年よりスタート。
https://goo.gl/AgQAs2

書籍・雑誌総合（キンドル版）。両方の最新のものからすべて見ることができます。
https://goo.gl/HbVHR2

※電子書籍は随時発行中。
※その他　線香、写真、数珠などあります。サイト閲覧又はカタログをご請求ください。
※価格・内容は、予告なく変更の可能性があります。ショップサイトで最新の情報をご確認ください。

会　員

・協会会員には、雑誌講読を主とする準会員（1年間４０００円、3年間１１０００円、5年間１７０００円）と協会の維持を助けてくれる正会員（1年間１５０００円またはそれ以上）があります。正・準会員には年6回、奇数月発行の会誌「不滅の言葉」と、催し物のご案内をお送り致します。また協会の物品購入に関して準会員は１５％引き、正会員２５％引きとなります。（協会直販のみ）（会員の会費には税はつきません）
・https://vedantajp.com/ 会員 / からも申込できます。

霊性の師たちの生涯 1000 円 (B6 判、301 頁) ラーマクリシュナ、サーラダー•デーヴィーおよびスワーミー・ヴィヴェーカーナンダの伝記。

神を求めて 800 円 (B6 判、263 頁)　ラーマクリシュナの高弟、禁欲と瞑想の聖者スワーミー・トゥリャーナンダの生涯。

スワーミー・ヴィヴェーカーナンダと日本　価格 1000 円 (B6 判、152 頁) スワーミーと日本との関連性をまとめた。スワーミー・メーダサーナンダ著。

インスパイアリング•メッセージ Vol.1　価格 900 円 (文庫版変形、152 頁) 世界の偉大な預言者のメッセージを集めた小冊子です。

インスパイアリング•メッセージ Vol.2　価格 900 円 (文庫版変形、136 頁) 世界の偉大な預言者のメッセージを集めた小冊子の第 2 弾です。

はじめてのヴェーダーンタ　価格 1000 円 (B6 判、144 頁) はじめてインド思想のヴェーダーンタに触れる方々のために書かれたもの。

真実の愛と勇気 (ラーマクリシュナの弟子たちの足跡) 価格 1900 円 (B6 判、424 頁) 出家した弟子 16 人の伝記と教えが収められている。

シュリーマッド・バーガヴァタム [改訂版] 価格 1600 円 (B6 判、306 頁) 神人シュリー・クリシュナや多くの聖者、信者、王の生涯の貴重な霊性の教えが語られている。

ラーマクリシュナの生涯 (上巻) 価格 4900 円 (A5 判、772 頁) 伝記。その希有の霊的修行と結果を忠実に、かつ詳細に記録。

ラーマクリシュナの生涯 (下巻) 現在品切中、(A5 判、608 頁) 伝記の決定版の下巻。

バガヴァッド・ギーター　価格 1400 円 (B6 変形、220 頁、ハードカバー) ローマ字とカタカナに転写したサンスクリット原典とその日本語訳。

抜粋ラーマクリシュナの福音　価格 1500 円 (B6 判、436 頁) 1907 年、「福音」の著者みずからが、その要所をぬき出して英訳、出版した。改訂 2 版。

最高をめざして　価格 1000 円 (B6 判、244 頁) ラーマクリシュナ僧団•奉仕団の第 6 代の長、スワーミー・ヴィラジャーナンダが出家・在家両方の弟子たちのために説いた最高の目標に達するための教え。

カルマ•ヨーガ　価格 1000 円 (新書判、214 頁) ヴィヴェーカーナンダ講話集。無執着で働くことによって自己放棄を得る方法を説く。

バクティ・ヨーガ　価格 1000 円 (新書判、192 頁) 同上。人格神信仰の論理的根拠、実践の方法及びその究極の境地を説く。

ギャーナ・ヨーガ　価格 1400 円 (新書判、352 頁) 同上。哲学的思索により実在と非実在を識別し、真理に到達する方法を説く。

ラージャ•ヨーガ　価格 1000 円 (新書判、242 頁) 同上。精神集中等によって、真理に至る方法を説く。

シカゴ講話集　価格500円(文庫判、64頁)シカゴで行われた世界宗教会議でのスワーミー•ヴィヴェーカーナンダの全講演。

ラーマクリシュナ僧団の三位一体と理想と活動　価格 900 円 (B6 判、128 頁) 僧団の歴史と活動および日本ヴェーダーンタ協会の歴史がわかりやすく解説されている。

霊性の修行　価格 900 円 (B6 判、168 頁) 第 12 代僧院長スワーミー・ブーテーシャーナンダジーによる日本での講話。霊性の修行に関する深遠、そして実践的な講話集。

インド賢者物語　価格 900 円 (B5 判、72 頁、2 色刷り) スワーミー•ヴィヴェーカーナンダ伝記絵本。

C　D

CD ガヤットリー 108　1200 円 (約 79 分)　このマントラは、深遠な意味と高い霊的忘我のムードがあることから、インドの霊的伝統で最も有名なマントラ (真言) の一つです。

CD マハームリットゥンジャヤ・マントラ 108　1200 円 (約 73 分)。このマントラは、インドの霊的伝統

日本ヴェーダーンタ協会 刊行物

https://vedantajp.com/ショップ/

書　籍

輪廻転生とカルマの法則［改訂版］　価格 1000 円（B6 判、188 頁）日本語が原作となる初の本。生や死、活動、インド哲学が説く解脱等、人生の重要な問題を扱っています。人生の問題に真剣に答えを求めている人々に役立ちます。
ラーマクリシュナの福音 価格 5000 円（A 5 判、上製、1324 頁）近代インド最大の聖者ラーマクリシュナの言葉を直に読むことができる待望の書。改訂版として再販。
瞑想と霊性の生活 1　価格 1000 円（B6 判、232 頁）スワーミー・ヤティシュワラーナンダ。灯台の光のように霊性の旅路を照らし続け、誠実な魂たちに霊的知識を伝える重要な概念書の第 1 巻。
瞑想と霊性の生活 2　価格 1000 円（B6、240 頁）灯台の光のように霊性の旅路を照らし続け、誠実な魂たちに霊的知識を伝える重要な概念書の第 2 巻。
瞑想と霊性の生活 3　価格 1000 円（B6 判、226 頁）本書は実践上のヒントに富んだ、霊性の生活のすばらしい手引書であり、日本語版最終巻であるこの第 3 巻には、原書の残りの章のうち重要なもののほとんどが収録されています。
永遠の伴侶［改訂版］価格 1300 円（B6 判、332 頁）至高の世界に生き続けた霊性の人、スワーミー・ブラフマーナンダジーの伝記、語録と追憶記も含む。
秘められたインド［改訂版］　価格 1400 円（B6、442 頁）哲学者 P・ブラントンが真のヨーギーを求めてインドを遍歴し、沈黙の聖者ラーマナ・マハリシに会う。
ウパニシャド［改訂版］価格 1500 円（B6、276 頁）ヒンドゥ教の最も古く重要な聖典です。ヴェーダーンタ哲学はウパニシャドに基づいています。
ナーラダ・バクティ・スートラ　価格 800 円（B6、184 頁）聖者ナーラダによる信仰の道の格言集。著名な出家僧による注釈入り。
ヴィヴェーカーナンダの物語［改訂版］価格 900 円（B6 判、132 頁）スワーミー・ヴィヴェーカーナンダの生涯における注目すべきできごとと彼の言葉。
最高の愛 価格 900 円（B6 判、140 頁）スワーミー・ヴィヴェーカーナンダによる信仰（純粋な愛）の道に関する深い洞察と実践の書。
調和の預言者 価格 1000 円（B6 判、180 頁）スワーミー•テジャサーナンダ著。スワーミー•ヴィヴェーカーナンダの生涯の他にメッセージ等を含む。
立ち上がれ 目覚めよ 価格 500 円（文庫版、76 頁）スワーミー・ヴィヴェーカーナンダのメッセージをコンパクトにまとめた。
100 の Q&A 価格 900 円（B6 判、100 頁）人間関係、心の平安、霊的な生活とヒンドゥー教について質疑応答集。スワーミー・メーダサーナンダ著。
永遠の物語 価格 1000 円（B6 判、124 頁）（バイリンガル本）心の糧になるさまざまな短篇集。
ラーマクリシュナの福音要約版 上巻　価格 1000 円（文庫判、304 頁）「ラーマクリシュナの福音」の全訳からの主要部分をまとめた要約版上巻。
ラーマクリシュナの福音要約版 下巻［改訂版］　定価 1000 円（文庫判、392 頁）「ラーマクリシュナの福音」の全訳からの主要部分をまとめた要約版下巻。
わが師 1000 円（B6 判、246 頁）スワーミージー講演集。「わが師（スワーミーが彼の師ラーマクリシュナを語る）」、「シカゴ講演集」、「インドの賢者たち」その他を含む。
ヒンドゥイズム 1000 円（B6 判、266 頁）ヒンドゥの信仰と哲学の根本原理を分かりやすく解説した一般教養書。